60歳
の
トリセツ

60歲使用說明書

60歲是人生的新人，
運用6大放下法則，
活出自己史上最好的人生！

黑川伊保子 Ihoko Kurokawa
陳嫺若 —— 譯

前言

你的大腦
切換成
六十歲了嗎？

循規蹈矩地過日子。

這是日本人的鐵則。

不知為何很多人都有這個想法。

健康、頭腦靈活、體態健美、運動神經發達、品味好，具有同理心、熱情和幽默感——簡單的說這種感覺，不就是絕大多數日本人心目中「循規蹈矩的人」嗎？

不但父母期盼，許多人自己也希望並努力活得循規蹈矩。如果不表現出那種努力的態度，在日本這個國家就很難生存下去。

不過，各位想過為什麼必須活得循規蹈矩嗎？

為了讓自己活得舒適愉快，確實必須具備一定程度的健康、運動神經和幽默感，但是頭腦遲鈍、外貌不算漂亮地活著就一定不好嗎？

當然不好呀！

你是這麼想的，是的，是不行。在五十世代以前。

人之所以希望「受人喜愛、受人尊敬地活著，不會被人在背後指指點點」，是為了生殖。因為生殖是這個星球上所有生物大腦的第一使命。如果不生殖，就會滅亡。不過，因果關係應該倒過來說，「只有把生殖當成第一任務的生物才存活下來」。

但是，即使如此，也並非所有人都必須生養孩子。我把人類的大腦當成電路裝置，把人際關係當作是大腦裝置的網路系統。從這個研究立場來說的話，如果少了沒有子女、把人生資源（時間、金錢、意識、勞力）貢獻在社會或者自我的人，社會就無法運作。所有的裝置因為育子（把人生資源完全用在孩子身上的活動）而把「性能開到極限」的話，很有可能造成系統當機。

插句題外話，身為腦功能的研究者，我想先把這個理論說清楚。這個星球上的動物大多數的大腦基本上以生殖為第一要務，但是有沒有生養子女是另一回事。將生殖本能（疼愛養育的情感）昇華到別處的人，也是不可或缺的。

話雖如此，大腦的運作是受到生殖本能而驅動，這種本能會一再告訴大腦：「如果不能在群體中得到認同，成為值得尊重的人，你會有大麻煩。」

多數育兒風險大的哺乳類會採取群體育兒。其中，人類育兒更必須付出動物界最大的風險和成本。女性懷孕將近一年，冒著生命危險生產，孩子出生後，還要不斷將血液轉變為母乳餵養孩子。在自然界中，人類的哺乳長達三至四年，而且人類出生近一年還不能行走。對人類的女性來說，單獨育兒幾乎接近不可能。當然，在群體中，聰明的周旋其中不被排擠是生存的必要條件。幾萬年來，男性也是成群結隊的打獵，地盤更是由組織來保護。

所以，對人類而言「不能被排擠，最好還能成為重要人物」是生殖的基本要件。如果不能被異性選上，得到群體的接納，任何人都無法把基因流傳下去。

正因為這個因素，大腦本能希望「想成為一個循規蹈矩的人」。但是六十歲以上的我們還有必要這麼做嗎？畢竟我們已經沒有生殖的需求了。

我不禁認為，日本六十世代的人努力得太過頭了。

受制於五十世代前的人生哲學，總是認為自己必須努力再努力，卻沒注意到這是在扼殺自己。

不僅是扼殺自己，同時還會給年輕人壓力。

舉例來說，請想像一個照顧孫兒的畫面。

動不動就對女兒或媳婦說：「○○太太的孫子才十個月大，已經會走路了喲。最近的孩子長得真快……對了，你們家那個已經快一歲了還不會走，沒問題吧？」這是舉世公認的禁忌。「擔心」孩子是母親的任務，不是祖母的任務。事實上，母親應該早就注意到了。這時老人家應該說的台詞是：「別擔心、別擔心，人家說坂本龍馬兩歲才會走路，三歲才會說話呢。」

過了六十歲，不僅要求自己仍舊像生殖時期般正確活著，甚至期待孫輩也要活得正確，這樣苦了自己，兒女也會煩不勝煩。

五十世代以前的人生與六十歲之後的人生，大腦的生存目的並不相同。

五十世代以前是生殖期（不是生產期，把孩子照顧到獨立之前都是生殖期），不但自己想循規蹈矩過日子，也敦促孩子必須循規蹈矩。

但是，到了六十歲就必須從這個束縛自己的咒語解脫，用開放的感情活著才行。把「頭腦聰明、外貌漂亮、身材好」視為人生準則，本來就太強人所難。而且到了六十歲，大多數人都失去了這些條件。如果以它為準則，害怕失智，害怕老去也無可奈何。因為害怕、抗拒人生必經的道路，豈不是浪費人生嗎？

你的大腦已經切換成六十歲了嗎？

六十歲是全新人生的「新人」，事實上是光輝耀眼的十年，我真心這麼認為。

我今年六十四歲，每天都興高采烈的生活。那是因為我切換大腦，善待自己，也善待他人，過著悠然自得的人生。

六十歲。

如果你是位健康長壽，有上進心，願意讀我的書的人，肯定平常就奮發努力、用心工作（家務）、潔身自好、謹言慎行，不讓別人指指點點，而且應該也努力讓子女實踐這個準則。

真的，辛苦你了。

但是，你可以不用再在意世人的眼光了。

我希望這本書能讓你放下許多的「在意」。

下面，請隨我來。

目次

第二章

放下「在意痴呆」

第三章

放下「在意孩子」

第四章 放下「在意老化和死亡」

第五章

放下「在意老公」

第六章 放下「在意朋友」

第一章

放下「在意年輕」

到了六十歲，看到鏡子裡、團體照中的自己，每每感到沮喪。那是當然的啦。跟年輕的自己、風華正盛的女兒、兒媳相比，只會連連唉嘆。沒有必要跟她們比較，因為根本沒有意義。

我說錯了嗎？又不是打算跟比較的對手搶男人，也不是在玩「美者勝」的遊戲。

然而，為什麼想要相比呢，其實是「生殖期間的舊習慣」。生殖期間的確會在潛意識中發展出「美者勝」的遊戲。

「美者勝」遊戲（女性篇）

豐滿的胸部、緊實的腰線、圓潤的翹臀，都是雌激素這種女性荷爾蒙賜予的。輔助排卵的雌激素負擔著為懷孕準備的角色，為了保障懷孕中的營養，會在身體裡儲存脂肪和水分，但是如果積存在腹部，會對胎兒產生干擾。因此，它會儲存在胸部與臀部，形成經典可樂瓶般的美麗三D曲線。而且脂肪與水分的保持力，當然對肌膚也有正面的影響，讓皮膚顯得吹彈可破。

女性擁有優美的曲線和皮膚，之所以吸引男性的目光，正是因為男性意識到，女性荷爾蒙豐富的女子是適合生殖的個體。甚至一般女性也欣賞身材豐滿緊翹和皮膚白皙的女子，對她另眼相看。

我在想，會不會是因為群體中有美女能夠提升全體生殖能力的水平呢？哺乳類的雌性大多會整個群體一起進入發情期。因為彼此可以互相供給奶水，提高孩子的生存機會。人類也不例外，大家都知道一起生活的女性月經週期也會相近，而且在社群之中，只要有正常分泌女性荷爾蒙、月經週期穩定的女性，其他荷爾蒙平衡較差的女性也可能被影響。美女能提升周圍女性的水平，因此，美女在群體中能得到不論男女的尊重，進而獲得好處。

五十世代「偽裝有女性荷爾蒙」

因此，即使以人工方式，女性都想要達到身材豐滿緊翹和皮膚白皙，求取男人的恭維奉承，試圖贏過其他女人的爭奇鬥豔。這是女人們為了生存而全心投入的戰略！但是在女性聚會時被問道：「你是不是胖了？怎麼啦？小腹都能擠出油了。」才會有如墜地獄的感受吧。

置身在這種緊箍咒中將近四十年，到了五十多歲時，由於雌激素的減少，明顯造成胸部和臀部扁塌、腰部凸出、皮膚暗沉，因此感到非常焦慮。於是出現了「五十歲卻看起來像三十歲的美魔女」市場，吸引你一擲千金。此時就算贏得「好美」的稱讚，你也已經不再生殖了。贏取男人的目光、女性之間的炫耀大戰，也不能為人生帶來任何裨益。從腦科學的角度來看，只是在白做工罷了。

話雖如此，五十多歲的人如果願意花錢，也還是可以偽裝出「女性荷爾蒙正常分泌」的年齡。這樣看來，也算是一種享受吧？畢竟人生還很長，找樂子的方法多得是。

「美者勝」遊戲（男性篇）

男性們看到個頭高大、雙腳頎長、胸膛厚實、肩膀寬闊，全身上下擁有發達肌肉的男性——例如大谷翔平那樣的個體，一定會覺得自己矮了一截。

事實上，的確是望塵莫及。因為那種身材正是免疫力絕佳的證明，也是男性在母親的子宮中獲得豐富男性荷爾蒙，而且在成長期處於有利環境的證據。

雌性動物必然會被免疫力強大的雄性所吸引，這是因為她們希望把強大的免疫力傳給自己的後代。個子高大、肌肉發達的美男子往往會受到更多女性的青睞。

男性也本能地知道這個道理，毛髮稀疏、皺紋滿布、肌肉鬆弛——這些老化的跡象，正是免疫力降低的證據。老人臭更成為向年輕女性傳達「這個個體不適合生殖」的訊號。

既然如此，男性到五十世代也會感到少許焦慮吧。可是，到了六十歲，結束生育期，迎來新的人生階段，不再擔心被高大帥氣的男子奪走了什麼。這麼一想，或許可以說，六十歲開始了一個人的評價不受外貌左右的年代，不用為了鏡子裡或多或少的老化跡象而感到沮喪。

然而，與女性不同的是，男性在六十歲時仍然具有生殖的可能性，而且充滿期待受青睞的心態。打扮得清爽乾淨的六十世代紳士最令我欣賞，所以不要放棄自己，繼續努力也許很不錯哦（我胡說的，微笑）。

美或不美，不用在乎

我還是希望女性們從美醜的束縛中解脫。

進入六十歲之後，偽裝女性荷爾蒙正常分泌變得更加困難。如果到了六十歲還在讚頌「女性荷爾蒙帶來的美麗」，一定會感受到難以跨越的年齡壁壘，進而心情低落，反而老得快。

請認清一個事實，六十歲之前「美不美」跟你後半段人生毫無關係。

到了六十歲，只需要為管理健康而注意體重和腰圍。到了六十歲，每個人的理想體重都會相當不同，有人說，比年輕時稍重一點較有體力，也有人說，稍微減輕一點，膝蓋負擔比較小。它與有沒有運動，消化力好不好也有關係。

只要找到自己生活舒適的體重，保持下去就行了。不需對別人詢問的：「胖了？」「瘦了？」反應過度。一旦有人問起，不妨露出自信的微笑說：「哦，真的嗎？我一直維持適當的體重耶，沒太注意。」

別再評論別人的美醜

不再隨便評論別人的美醜之後，也會漸漸不再關注自己的美醜。習慣在女性聚會上說：「咦，你是不是胖了？」「怎麼了，臉色這麼差？」「小細紋其實用雷射就能消除了」等負面批評的人，最好現在就停止。雖然你可能是擔心閨蜜才不得不說，但是這種擔心已經沒有必要。都活到這把年紀了，皮膚當然會有各種狀況，細紋冒出來，膚色也變得暗沉了。即使是肝臟數值變差所導致，只要本人沒有自覺徵狀，聚會上的批評也不會促使她去看醫生，意義不大。

過了六十歲，閨蜜們的任務就是互相鼓勵、打氣，說些正向的話。當然有時也可以一同悲傷、懊惱，但只有在對方願意的時候再做。

斬斷對青春的嚮往

在互相鼓勵打氣之際，有件事希望各位注意。那就是把「青春活潑」、「看起來年輕」等讚美當作禁忌。如果一直把這些話當成讚美，不論說的人或是聽的人，永遠都無法擺脫對青春的嚮往。

青春，真的美好。但是，它是為生殖而準備的武器。從生殖戰場上退下來的我們，它是沒有用的武器。

不妨認為具備生殖用美貌的人，與我們是不同種的生物。她們很美，就像天鵝也很美，只要這麼想就行了。但是不會聯想到「我以前也這麼美過」、「運氣好的話，就算是現在這年紀，也許還能闖出點名堂」吧？

不論如何都令人驚豔

六十歲、七十歲也有屬於那個年齡的美麗，像梅莉・史翠普、戴安・基頓就是很好的例子，她們過了六十歲反而更美。雖然有皺紋和鬆弛的下巴，但是笑容和幽默感，讓人感受到「人生經歷過大風大浪」的驚豔。

說到驚豔，在電影《媽媽咪呀！回來了》亮相的歌手雪兒更是豔光四射。這部電影上映於二〇一八年，她出生於一九四六年，拍攝時恐怕已經超過七十歲，看起來絕對說不上年輕，就是七十歲的模樣。然而，舉手投足的高雅和幽默讓她熠熠生輝，是一位光站在那裡就能傳達出「人生經歷過大風大浪」的女星。五十歲以下的女星沒有這種特質嗎？是的，因為她展現的不是演技而是「存在感」。

我希望自己能像戴安・基頓度過俏皮的六十歲，像雪兒一樣成為美豔的七十歲。這是我長久以來的願望。即使有人說我「看起來很年輕」，我也不會為之竊喜。

沒錯，我們的大腦累積了豐富的人生經驗，其餘的只需要笑容和幽默感，這是每個人都可以做到的。

仔細一想，比起天生美醜差距顯著的年輕時代，六十歲的美醜也許更加公平。

天生美醜的差距消失了

進入六十歲後，五官的美醜已經沒有什麼差距了。五十多歲的人可能覺得：「不會吧，怎麼可能！」但是，真的。我沒騙人。

每個人的眼皮都會鬆弛，眼睛看起來就會變小，下巴線條也會變得不那麼緊致。即使年輕時有差距，但是那個差距會明顯縮小。以前光彩逼人的帥哥美女，意外地變得很平凡，而當初不是帥哥美女的人，卻可能沒有顯著的衰老跡象。

不管是腰部或胸部，年輕時若是差了十公分，身材曲線看起來完全不同，但是上了年紀之後，三D立體曲線展現不出來，不管是變瘦還是變胖，變化都不會太大。

基本而言，男性也一樣。

美醜的分別不再顯著，這就是六十歲的狀態。

雖然過去靠著美貌受歡迎的男女值得同情，但是它已經不能成為賣點了。到了六十歲得到讚美的人，通常是表情豐富、具幽默感的人。感謝老天，這兩者不論活到幾歲，只要努力就能保有。即使有點痴呆，只要擁有笑容和幽默，就能讓身旁的人感到幸福，人生的價值不外於此。

第二章

放下「在意痴呆」

如果將年輕時的身體設為一百分，接下來的日子，分數會緩步減少。

但是這不是必須悲傷，也不是必須逆轉的事。因為細胞和神經系統在充滿了旺盛活力下死去是件相當痛苦的事。活跳跳的心臟驟然停止，光是想像就很痛苦。事實上，經歷過這種狀況而生還的人，也是這麼說的。

每個人都會從人生畢業。活到六十歲之後，如何愉快的迎接畢業，是人生最重要的課題。從這個觀點來說，「老化」是大腦為了讓人死得安樂而給予我們的禮物，它是從人出生開始就設定在大腦和神經系統中的大事件。

「老化」是貼心的魔法

舉例來說，不能行走之後，大腦就會把世界觀摺疊縮小，如果連玄關都走不到的身體，卻搭載著一顆「想走遍世界盡頭的躍動好奇心」，那該有多殘酷呀？大腦將世界大幅縮小，不再了解其他事物。儘管子女認為這樣的父母痴呆了，但是如果換個角度，它無異是大腦施加的貼心魔法。

我的母親過了八十八歲之後，行走變得困難，對世間的事也越來越糊塗了。但是她能走到廁所，也能吃得了美食，這樣已經足夠了。她享受當季的美食，鍾愛院子裡的花，直到最後都沒有把我和弟弟忘記，兩年後的某一天，在睡夢中與世長辭。

她去世的前一天，所有的生化數據驟然降低，所有的器官細胞一起停止了活動。我認為這才是理想的畢業，身體的細胞一齊停止運作，沒有部分器官還在苦苦掙扎的狀況，然後心臟靜靜的停止跳動。我的母親教人佩服。

人的一生從依靠開始，依賴結束

母親走過的路，從世人一般的眼光來看，的確可以稱為「衰老」和「痴呆」。但是我把它看成「解放」與「安寧」。

說實在的，有必要負面的避諱每個人都會走上的道路嗎？確實有一段期間，她需要別人的照顧，「麻煩又費事」，可是，人在出生的時候也很麻煩費事，所以回到出生的狀況，麻煩費事一點也不奇怪吧。

人的一生，都是從倚仗母親或母親替代者的手開始，在依賴子女或子女替代者的手中結束。既然這是必經之路，重要的只有如何安樂的前往。這麼一想，便再也不用害怕衰老和痴呆了。甚至出現「最近，我好像開始痴呆了」、「太好了，可以安樂的走了」這樣的對話也不稀奇。

如果把三十歲時的大腦和身體視為人生的顛峰，三十歲後用減法來思考的話，到了五十多歲就得苦苦掙扎，六十歲以後只能放棄，懷著悲傷過日子了。人生是一齣從彼世來，又回到彼世的連續劇。正如爬山也有下坡時，最後只是走下「衰老」的坡，回到原來的地方去而已。真的就這麼簡單。

但是，我們的大腦是明白的，明白我們有歸去之處。

十八歲時，如果別人說：「過了六十歲以後，就是一路往衰老的下坡走了。」我一定會認為「哇，好可怕，我不想變成六十歲。」但是，過了六十歲的現在，想到「我只是走下山，回到原來的地方罷了」，心靈就會感到無比的平靜。比起十八歲那時候，現在我對「原來的地方」更加堅信不疑，儘管我也不懂原因在哪。

突然浮現又消失的事物

有時候，一個念頭閃過大腦又消失了。

明明腦海中浮現出某件事的頭緒，卻沒辦法帶出整段記憶，在思前想後的過程中，原本的記憶好像從腦中消失了。隱隱覺得是什麼重要的事，但是什麼事呢？這種虛浮不安的感覺，年輕人應該不會了解吧。但是，六十歲前後的本書讀者會不會覺得很熟悉呢？

昨天，我想吃咖啡凍，打開冰箱的一剎那「靈光閃過」，但是卻抓不到，只好懷著懸念關上了冰箱門。後來我要做菜時，突然想起來「對了，我是想把肉拿出來解凍」，於是只能苦笑。

很多人認為這就是「老了」，並且對此感到沮喪，但其實這可能是「讓運轉過度的大腦休息一下的煞車機制」。

洞察力在六十世代到達顛峰

突然出現洞察未來的能力，是為了有效地處理像企業經營或家務這樣需要多工作業的能力，實際上，這種洞察力在五十六歲會到達顛峰，六十多歲時來到最佳狀態（原因容後再述）。

仔細想想，家中最有洞察力的人是誰呢？

如果要做散壽司，立刻想到去把乾香菇泡發的人，絕不是新手主婦而是資深主婦。六十多歲主婦的洞察力，比家人多出數倍，並且隨後在做事時順便一一解決。

舉例來說，我們資深主婦看到浴缸的水滴，不會置之不理。附在鏡面或水龍頭的水滴，第二天會殘留成一個圓圈，再過幾天之後，就會變成不容易擦去的水漬。趁著水滴還沒乾時擦掉，其實最為輕鬆，所以我們會這麼做。

我會在洗好澡時，用自己使用過的毛巾把浴室明顯的地方都擦一遍。順便檢查洗髮精等用量，把家人亂放的牙刷歸位，撿起孫子的玩具，放進籃子裡。

然而，如果是我女兒，肯定不會把我這老媽做的事放在心上，只會專心的敷面膜、按摩、吹頭髮，落髮掉了一地，洗衣籃邊掛著亂丟的髒內衣褲……

但是，有一天她們一定也會開始在意浴室裡的水滴。因為大腦成熟了。

我二十幾歲嫁進這個家，從來沒擦過浴室的水龍頭，也從來沒有把掉髮一一撿起來的記憶。然而，浴室總是光潔如新，無非是我的婆婆默默幫我們打掃的。

不久後，我們在公婆家的後面買下一間公寓，新家的浴室都是自己打理，剛開始我也沒注意到擦水滴的好處，每到換季就使勁地搓洗鏡面的水漬。不久之後，我才領悟到只要隨手擦掉水滴，就能一乾二淨。察覺之後，就立刻學會了。這時才重新想起母親告訴我「把水滴擦掉最輕鬆」的話。新媳婦不都是這樣嗎？

所以，今天的我並不打算對媳婦指手劃腳。她是個聰明、機靈的孩子，到了六十歲時，肯定也會和我一樣，或者比我更勤奮的擦去浴室的水滴。只是想到那一天終會來臨，不禁有點憐憫和同情。畢竟，能夠純粹關注自己的時光很快就結束了呀。

自己太能幹，怪三十五歲以下的人懶散，叫一聲才動一步

六十歲資深主婦的洞察力是人生最高峰！當然，沒有一個家人會想跟上你的腳步。

但是，主婦不認為自己異於常人，有時還會把怨氣出到家人身上：明明看到了，卻一點忙也不幫。自己像個陀螺一樣忙進忙出，卻沒有人說句慰勞或感謝的話，內心油然而生：「家務全丟給我，大家都不把家務當一回事。他們以為只要我做就行了吧，真是太過分了！」

不是，這誤會大了。其實家人們根本沒有察覺。即使被母親念了幾句，也會像我年輕時一樣，左耳進右耳出。他們不是輕視母親的話，只是腦部處理不了罷了。

工作現場也是一樣。

從五十六歲以上的老鳥來看，三十五歲以下的年輕人簡直都還沒長大，反應慢，領悟力差，說了也聽不懂，缺乏發想力，「不叫就不會動」。所以動不動就感嘆：「現在的年輕人啊……」其實原因出在自己的大腦太高超了！

就像六十世代的創業社長和三十世代繼承人的例子，誰也沒想過是自己的大腦有了變化，社長堅信自己三十歲時就像現在一樣，是個洞察力敏銳的企業家。與自己相比，繼承人既懶散又依賴，幹勁也不足。老社長不得不擔心未來他扛不起擔子，因此對繼承人相當嚴厲，有時還為此大發脾氣。

六十歲之後，對家人和下屬多寬容

到了六十歲，對周圍的人寬容些吧。

如果哪個人看起來很愚蠢，就想「啊，是我自己變得太優秀了」，先把脾氣按捺下來。其次再冷靜的選擇要開口指導，還是出手幫忙，又或是靜靜旁觀他如何自己從失敗中學習成熟。

以我來說，在工作上我會選擇第三種，家務上第二或第三種混合。我大多會用傳達遺言的口氣告訴對方「這件事非這麼做不可，但是在我有生之年，我會自己做。」然後自己把它做完。

給各位退休的老公

對了，我想對各位剛剛退休的老公們說句話。

從不負擔家務工作的老公，我很遺憾地說，你是「家中的新手」，在妻子的眼中你是個「溫吞、沒有指示就不會動的人」。

不論老公再怎麼聰明、再怎麼努力，也絕對比不上妻子三十年以上的經驗值。然而，妻子渾然不覺自己是超級優越的家政專家，只會鑽牛角尖地想：「任何人都會注意到的事，這老頭卻裝作沒看到。既懶散又惡劣，太過分了。」

這個誤解最好早一點解開，當老公退休時，最好盡快向老婆表達讚美和感謝：「你做家事的能力值得稱讚，面面俱到，而且多線進行整理的能力，如果換成公司的工作來思考，真的是相當令人尊敬的高手絕技。多虧你的支持，我才能放心的在外工作到今天，我由衷的感謝。」如果記不住這麼長的台詞，用郵件寫也可以。

然後提出三個請求：

請求①

「有件事希望你能了解。在我看來，你做事完美無缺，我不知道該從哪裡開始幫助你。如果需要我幫忙的時候，請你直接下指示。如果你只是默默的期待我出手，我肯定什麼事都做不好。希望你別突然暴怒的說：『為什麼啥事都不幫忙！』」

請求②

「還有呢，剛開始肯定手腳笨拙，請不要急躁，耐心的解釋給我聽。」

請求③

「看到你俐落的身手，我肯定沒辦法跟你一起做家事。就像跳繩的達人，在高速雙重交叉跳中，如果突然加入，也會很困難吧？所以，可不可以改成值班制？像是洗衣值班、洗浴室值班，讓我單獨成為某件家務的專家？不過即使如此，一開始也需要你多多教我。」

如果能如此先打個預防針，作妻子的體會到原來自己的家務能力，像是「跳繩的高速雙重交叉跳特技」那麼厲害，對老公這個家務新手，一定會耐心體諒的。

即使到了六十歲，女人心是永遠的十四歲，永遠覺得自己是在花田裡蹦蹦跳跳的少女。也就是這種誤解，衍生出對「家中新手」的六十歲老父或媳婦的遷怒。

希望各位六十歲的資深主婦們，真的，對家人寬容一點。你太出色了。

敏銳過度的痛苦

大腦的洞察能力，在六十世代時可以說一發不可收拾，有時候會超出一天中可以處理的能力。如果把洞察到的事全部做完，二十四小時都不夠用。

大約十年前，我應邀向一群六十世代的夫妻演講。某位男士提問說：「老婆叫我晚上十一點以後別去洗澡。參加朋友的聚會後也不讓我淋浴。我該怎麼辦好？」我向坐在隔壁微笑的妻子問道：「為什麼訂這個規定？」她回答：「我很討厭浴室的水滴，不把天花板全部擦乾淨就睡不著覺。我最晚十一點就寢，如果老公半夜十二點洗澡，我就得起床，換下睡衣去擦天花板的水滴。不這麼做我睡不著。」不能淋浴的老公真可憐。可是，睡到一半又得起床的老婆更可憐。當時我才五十幾歲，不免覺得這位妻子有點神經質。但是最近，我也開始在意起天花板的水滴，六十歲的洞察力，拜託停一停吧！

大腦的煞車

大腦好像有個踩煞車的機制，最近我在想，會不會就是那個「靈光閃過」的現象。

這是因為當我意識到好多事要辦，該做的事向我湧來，來不及收拾的時候，就會出現「靈光閃過」的現象。這會不會是排隊等待的靈感行列超過臨界值，無法再儲存靈感，或者是腦的防衛本能之一呢？

舉例來說，我們的大腦抓著很多條弦，一次拉一條弦，可以把相關的事物整理好，靈光閃過，就是減少弦的數量，好讓大腦輕鬆度過一天。

所以，發生「靈光閃過」現象時，我不會畏懼「衰老」，而是對大腦充滿敬意：「哇，你真的很厲害呢！」當我忙得團團轉時，大腦會幫我切斷無法著手的靈感。我對大腦真是充滿感恩。

六十多歲是洞察力的最佳時期。偶爾使用「突然靈光閃過」放掉拉緊的弦，以便我們享受日常的生活。請別再把大腦的這種「例行公事」視為「衰老」，進而感到悲哀、害怕，開心過日子吧！

今天別做明天能做的事

義大利有句格言：「今天別做明天能做的事。」六十歲之後，它變成了我的座右銘。

不是因為義大利人漫不經心，相反的，義大利的主婦會做費事的料理，把廚房擦得光亮如新。而且這個國家的水質是嚴重的硬水（礦物質含量高的水），洗好的衣服若不馬上晾乾就會變得硬邦邦，所以連牛仔褲都要熨過（如果問義大利女人：「什麼家事最辛苦？」大多回答：「燙衣服」。她們會自製醬料，也會做手工麵條，但是做菜卻不是最辛苦的事）。

某位舞蹈教練說：「上課時間最不會遲到的竟然不是英國人，而是義大利人。」仔細想想，義大利是生產迷人的汽車和摩托車，將最高級的皮鞋、皮包和流行時尚傳布全世界，四處林立恢宏建築的工藝之國。這麼勤奮的義大利人會給人悠哉、熱情的印象，難道不是因為善於經營人生和運用留白嗎？

在年輕人的眼中，六十世代顯得特別急躁。

不論男女都很有洞察力，而且伴隨著「一旦發覺，就必須趕緊處理」的信念。因為很怕「好不容易閃過的念頭」會就此消失……所以一察覺時，就必須立刻付諸行動。

大腦沒有意識到自己的變化，當事人心中想的是：「我家的年輕人反應真遲鈍。為什麼不做呢？為什麼發牢騷呢？」因此經常對周圍的人發號施令或是充滿了抱怨。

很久以前就常有人說「老年人急躁」，其實竟然是「大腦太優越」造成的結果。

年輕時，洞察到的事物數量少，所以「今天能做的事不要拖到明天」，剛好而已。

但是過了六十歲之後，如果要做自己意識到的所有事情，一天二十四小時都不夠用。尤其是待在家裡的專業主婦需要小心，容易沉溺於自己所意識到的事物中，「靈光閃過又消失」的現象也會增加。

「今天別做明天能做的事」——請作為六十世代的座右銘吧。

寫信給未來的自己

雖然察覺到了，但不用馬上做，把它記下來，然後往後推遲。而且類似的事情合併起來一起做，效率也比較高。偶爾告訴自己不用急著做，「靈光閃過」的現象也會跟著消失。最重要的是，不用給同住的人太大的壓力。

我只要注意到不用馬上做的事，就會寫郵件給自己，工作上會利用手機也能查閱的網路月曆，把事情輸入在裡面，然後把它忘了。

不只用電子產品，冰箱上也貼滿了各種便條，也會記在日曆上。

熱烈推薦LINE的家庭群組

另外，我也建議使用LINE家庭群組。我們家有設定家人聯絡用的聊天群組，和顧孫專用（主要記錄牛奶、飲食、排泄成績）的聊天群組。兩者的組員都是我和老公、兒子和媳婦。

舉例來說，想到家裡要採購什麼東西時，我會在群組中記錄，其他人看到了會幫我買回來。與家人的聯絡事項也會輸入到這裡，還可以附上照片，十分方便。例如「這個濾網，我收到這裡哦」，或是「咖啡豆我裝在這裡哦」，既可一次傳達給全體，也會減少「我說過了啊」、「沒聽到」的事件。有時候像「廁所的這裡，打掃時要仔細擦乾淨」之類的改善要求，也可以用LINE傳達。

這類家務的聯絡，如果在對方忙碌時開口提醒，會惹人厭煩或是抱怨連連。但是如果用 LINE 轉達，對方可以在有空的時候看，也會依順的答應。

即使家裡只有老夫老妻，也強烈建議使用，既不用聽老公心不在焉的回答，也不用看到他對這些改善要求露出「我很忙沒空」的不耐煩表情（微笑）。

與其擔心大腦，不如維持體力

今後，如果我的體力衰退，處理能力下降時，「靈光閃過」的現象一定會慢慢增加吧。

但是，這並不是大腦本身衰退，而是配合身體的衰老而退化。就像不能行走之後，心思就不會放在戶外。這不是痴呆，是大腦預料之內的工作。大腦沒有怠工這回事。

我的體力（處理能力）如果衰弱到無法支撐生活時，就是得靠別人照顧的時候。那時候，大腦會配合身體，變得缺乏活力。

所以，隨著年華老去，自己能夠獨立行走和維持體力變得更重要了。內臟還健康時，體力先衰退的話，受人照顧的時間就會拉長。維持體力可以靠著努力達成，但是擔心「自然衰弱的腦」就沒有必要了，因為這是體力衰退附帶出現的大腦自然變化。

過了六十歲之後，與其擔心大腦，不如注重體力的維持。希望各位至少找到一項可以活動身體的嗜好。

活動身體的嗜好

只有對自己愛好的事，才能維持活動身體的習慣。即使別人建議一天健走三十分鐘就好，但是如果我不喜歡散步，就很難持續下去。但如果是在帥哥的懷中翩翩起舞，哪怕三小時我也不會累（微笑）。

因為我是個社交舞的愛好者，也跳阿根廷探戈，以及森巴、黏巴達等拉丁舞。這些都是男士引領的雙人舞，兩人之間如果心意相通，離心力開始發揮作用時，彼此都會成為可愛的對象。這與兩人的年齡、外形、立場都沒有關係，十幾歲的年輕人也能成為沒有隔閡的舞蹈伴侶，真的十分奇妙。

在社交舞的世界中，六十世代都還是新手。去年，夥伴們紛紛對我說：「哦，你的長孫出生了？哎呀，你好年輕呢。」讓我大吃一驚。不過仔細想想，我的舞伴屬於「長孫在十五年前出生」的世代，難怪會這麼說。

過世前幾週還在派對中起舞的九十世代也不少見。這也成為我的目標，看看是先用盡體力，還是先走完壽命。不管如何，肯定都是無上的幸福。

六十歲的習字

六十歲。

如果沒有運動的興趣，請至少培養一個活動筋骨的嗜好。

熱誠地推薦社交舞，但是最近好像也流行成年人的芭蕾。我們這個世代小時候，以芭蕾為題材的少女漫畫曾經風行一時，但是話說回來，也不可能所有人都跑去學芭蕾。

不論是社交舞還是成年人的芭蕾，都是到了六十歲也能開始學習的活動。老師會傳授我們善用關節，擺出美麗姿勢的方法。

話雖如此，不只是舞蹈，成年之後開始學習新事物時，很多人會抱怨「不像年輕時那樣學得快又好了」。

但是，話說回來，成年人的學習有必要學得快又好嗎？

我從五十一歲起開始學義大利語，但是完全沒有進步。學義大利語半年後，當時還在讀大學的兒子問我：「Come si

dice in Italiano?」我反問：「咦，你在說什麼？什麼意思？」他回答：「就是『這句話義大利語怎麼說？』的意思啊！」我大驚：「哇，你會說義大利語哦？」兒子苦笑：「不就是媽你教我的嗎？」

「不可能，我怎麼可能教你。你一定記錯了。」兒子聽我說完，不甘示弱的說：「你翻翻自己的義大利語筆記嘛！」無奈之下，我翻開義大利語筆記簿，不禁愕然。筆記的第一頁，清清楚楚寫了這句話。Come si dice in Italiano?（而且還很仔細的用片假名寫下它的拼音，當然，是我的筆跡。）

我當下驚訝極了，驚訝的是我完全忘了向老師學過這句話，更不記得教給兒子。年輕的時候，就算是忘記了，但是一經別人提醒，「記筆記時的記憶」和「教兒子時的記憶」就會「哦，沒錯沒錯」連動的甦醒過來。但是這次連這種印象都沒有。看到自己的字跡，也沒能喚起寫這些字的記憶。當時五十一歲，是我有生以來第一次有了完全沒有記憶的自覺。五十世代單純的記憶力低落，遠超乎我的想像。

說句題外話，第二週，我把這件事告訴學義大利語的同世代同學，兩個人都堅稱：「沒有吧。我絕對沒有學過這句話。」因此，我對他們說：「兩位，請翻開你們的筆記本第一頁。」赫然看到第一頁自己寫的Come si dice in Italiano?「怎麼會這樣？」立刻相視大笑。

有我們這種糊塗學生，教義大利語的義大利籍老師也太可憐了。我們向老師坦白——我們來這裡上課，不是為了把義大利語學會，而是享受它的過程。不管老師教幾次，一定都會忘光光。但是我們樂於反覆練習。因為我們已經到了連學過的事實都會忘掉的年齡了，請老師不要把它當成壓力。

之後的十年，我們一直在初級與中級徘徊，但是對義大利的喜愛有增無減。雖說不論學幾次都會忘記，但事實上學會的生字也在逐漸增加。我能看得懂ＩＧ上追蹤的義大利人用義大利文寫的點心食譜，就像是享受著平緩的螺旋梯逐步上升的感覺。成年人的學習到這種程度就行了，因為六十歲以後的人生是為了享受而存在，並非不需要學習成果，而是「享受」本身就是成果。

因此，一起學習的夥伴格外重要。請找個對於學了又忘會一笑置之的開朗朋友，當然，自己也要開朗才行。

小腦的套裝化

人在從事不熟悉的「一連串動作」時，會經過大腦思考後再進行，當一再反覆熟練之後，就會在小腦包裝成套組，在幾乎無意識間，如流水線般的自然行動。

另外，小腦是執行「下意識」的器官，負責空間認知與身體控制。例如，我們雙腿步行時，它會同時進行著以下幾件事：控制下半身的幾個關節的角度與骨盤的傾斜度，感知地板的光滑程度、鞋與衣服的狀態、道路寬度、迎面而來的行人動作和對方是否為熟人等等，然後平穩地行走。但是如果每件事都要深思熟慮才進行（如「右腳的拇趾使勁，用左邊小趾頭抓地，骨盤向右稍微傾斜」）的話，絕對來不及。於是小腦會在潛意識間執行這些動作。人類在八歲之前會將「步行」相關的演算打包好安裝在小腦上。

學習無一例外都是將必須由「大腦思考後做的動作」轉變為「小腦套裝」的行為。

舉例來說，學習高爾夫球，剛開始時會教你「站姿如何如何，球桿的握法這樣，揮桿那麼揮」，但是熟練之後，就會「自然的站好，咻的揮出球桿，把球打得老遠」，也就是說小腦的套裝化成功了。

學語言也是一樣。剛開始必須一面思索，一面將外語的文句排列組合再說出來。但是你可以開始反射性的表達出一連串句子，那表示已經內化成自己的語言，小腦開始套裝化了。然而我真的不擅長語言的「小腦套裝化」（汗），正因為如此，我可以永遠享受「學習」的樂趣吧。

享受六十歲的速度

許多學舞蹈或芭蕾的熟齡世代，經常煩惱於「不像年輕人立刻把舞步記住」。尤其是孩子們熟記舞步的速度飛快，差距總令人瞠乎其後。

其實，記憶舞步的關鍵是小腦要擁有打包「一連串動作」的豐富資源。用外語來說的話，相當於片語。

舉例來說，跳華爾滋時有「自然旋轉～右旋轉～半閉式舞姿～迂迴步～追步」一連串的動作，不過跳了四十四年，我可以不假思索，用打開門一般的自然動作，完成整套舞步。這就是小腦的套裝化。

經驗豐富的舞者們腦中收藏了許多這類套裝，透過組合的方式記憶舞步。他們可以在二至三小時內學會三分鐘的舞蹈。而且年輕人將「用大腦思考跳舞」轉變為小腦套裝的時間很短。

成人學習新事物時的套裝化需要很多時間，但是比起二十幾歲的時代，我更喜歡六十歲現在的學習速度。

與心意相投（身體契合）的男士，在一次又一次練習初學技巧當中，逐漸體會舞步變得自然流暢的過程。第一次完美契合時的飄飄感和兩人擊掌的熱烈氣氛，真是無上的快樂。

孩子們將連續動作套裝化的速度無與倫比，如果是自己大腦感興趣的運動，看一眼就能學會，有時跳個一、二次，就能套裝化。所以看上去，他們好像輕而易舉就能記得舞步，自然而然就能跳出來。但是，相對的，因為得來容易很快就學膩了，體會不到箇中樂趣。

因此，我領悟到「成年人的學習，是享受自己的腦將新技能漸漸在小腦套裝化的樂趣」，以不同於孩子們的方式來享受樂趣。訣竅就在：

①不要急著看到結果。

②不要與他人比較。

③有共同享受套裝化過程的夥伴。

六十歲是旅行和學習的好時機

不瞞各位，六十歲是學習新事物最好的時候。

因為這一代人都是洞察的天才。

六十歲的洞察力是年輕人的數倍之多，掌握事物本質的速度也非常快，對於「無法用言語表達的感性資訊」的收集力更完勝二十世代。仔細想想，書法、古董、能劇或茶道，都是難以言傳的深奧藝術，不論在哪個時代，都有很多六、七十歲的人喜歡並且引以為樂。

最近我自己也體會到書法的樂趣，經常去看書法展，也迫不及待想學習書法。求學時期只留下痛苦記憶的習字作業，但現在通過文字和筆鋒的流動所蘊藏的眾多訊息湧進我的大腦，讓它們看起來閃閃發光。人生因此變得非常有趣。

六十歲，正是去旅行的好時候，即使是第一次去地球另一端的陌生城市，也能獲得各種感性體驗，真是太棒了！

第三章

放下「在意孩子」

即使沒有子女的朋友，也請務必不要錯過這一章。

它包含了腦科學的人生哲學，和對選擇不生者的尊重與祝福。我不希望各位覺得沒有子女是「人生的欠缺」。

不需要的事物，大腦會忘記

大約過了四十五歲前後吧，我發現自己開始健忘，心中泛起微微的不安。

就在某天，我向師從的語言學老師透露了心中的憂慮。

年屆八十的老師這麼告訴我：「你忘掉的還是專有名詞吧？專有名詞沒什麼大不了的。」

「然後，你若是再活四十年，」老師繼續說：「連一般名詞都會忘記。一般名詞也忘了，就不了解事物的存在價值了。例如，看到飯勺，心裡想著『這東西叫什麼來著？』這時候可能連它的用途都消失在黑暗中，想不起來了。」

我的腦中浮現出飯勺如同流沙般消失在虛空中的景象，認識的事物逐漸消失。我膽怯的說：「那很可怕吧。」老師笑了。

「放心好了。因為它不重要，所以才會消失。到時候忘記飯勺，只是因為你不再自己盛飯罷了。反言之，你還在盛飯的話就不會忘記。」

原來如此，大腦會從不需要的事物開始遺忘。

連一般名詞都會忘記，那麼忘了專有名詞，真的沒什麼大不了。

記不起安潔莉娜・裘莉的名字，對人生也不會形成不便。忘了「女明星」這個一般名詞雖然有些傷感，但是到時候肯定連電影都不想看了吧。

從那一天開始，我不再為健忘憂慮。如果腦的認知範圍縮小（而且是從「活在當下」不需要的事物開始消失的話），大腦想出答案的速度也會變快，變成一個直覺力強的可靠大腦吧？

總之，不妨換個說法，也可以說大腦成熟了。

大腦從憂慮中解放的瞬間

現在我（應該）還沒有忘記一般名詞，忘了也無所謂。但是既然我從事腦和語言的研究，也想親身體驗看看那個過程。不過，我懷疑是否會有自覺遺忘的時間（從忘記名稱到完全無法認知該物品本身的時間差）。

事實上，去年我便親眼目睹了九十歲母親的遺忘。

在醫院的診療室，護士為母親插入體溫計，母親再三詢問：「這是什麼？叫什麼名字？要做什麼用？」

母親很熱衷測量生命徵象，一天要測量好幾次體溫和血壓，也非常在意數值，如果體溫稍微偏高就大驚小怪，列舉出好幾個重大病症，然後心情沮喪。

儘管如此，那天母親卻對體溫檢測結果不感興趣。輕微的發燒症狀令醫生都有點擔心的狀況下（正是新冠肺炎大流行時期），本來絕對會大驚小怪的母親，卻是一臉平靜。

這就是語言學老師說過「一般名詞也忘記」的狀態吧？我的心情大受衝擊。

感知遺忘的時間非常短暫，短短一瞬間，母親就已經忘了世界上還有體溫計這東西和「發燒」的概念了。未來的某天，我也會像她這樣漸漸遺落了記憶吧。

但是，我覺得也無所謂。母親聽到「有點發燒，來檢查吧」，並未特別擔心就走進檢查室。母親捨棄了擔憂，也可以說她脫離束縛而變得自由了。普通名稱的消失並不是壞事。

大腦從記憶的反向順序開始忘記字彙，不久後，母親將回到只依靠體溫生存的時間，然後回到另一個世界。

那也許正是最幸福的大腦關閉方式。

母親的慈恩

母親走進檢查室前，回頭對我說：「你回家休息去吧。你那麼累，不用待在這裡。」

即使忘了體溫計，母親卻沒有忘記，當我育兒最忙碌的那段時間，每次回到娘家就說：「媽，讓我睡個三十分鐘也好。」然後倒頭就睡的日子。

「媽媽。」我忍不住呼喚她。我能有今天都是母親的支持。母親給予我生命，我在母親的懷抱中長大。有了母親的支持，一次次戰勝考試，並且持續工作至今。然而，我已經無法再為她做什麼，也無法回報母親的慈恩。這種感受讓我茫然失措。

母親從這個世界畢業了，就在距今正好一年前的時候。

每當我想起母親那天轉身的表情，就想朝著天空大喊：「媽，我愛你！」我愛母親，母親的舞蹈細胞（她是日本舞的傳人）、母親的和服和皮包的品味，連她大膽的花錢方式我都喜歡。這位母親最大的優點，就是女兒想做什麼的時候，她絕對不會潑冷水。

她喜歡奢華，又是個愛冒險的人，所以只要我說：「我想去○○。」母親比我還熱情，並且盡最大的力量協助我。

我的人生能走到這麼遠，遠遠超出我自己的想像。

能夠像這樣寫書、出版，能夠勉強維持一個小公司，扶養一家人，還能夠實現五十年來的夢想——成為廣播電台的主持人，熱淚盈眶地讀了好多讀者來信。

我能走到現在這一步，經歷了無數的分岔點，因為選擇了其中一條才有今天。但是，很多分岔點卻也是天性比我樂觀的母親在背後鼓勵我選擇的。

說到這裡，我的婆婆也在最大的分岔點上，用力推了我一把。二〇〇三年，當我正準備開公司時，資金調度得不順利，幾乎快要放棄時，婆婆拿出資金，對我說：「人生就是冒險，儘管試一試又何妨。」

如果沒有這兩位母親，就沒有現在的我。

這兩位母親的特點是，在重要的決策時，她們都比我積極正向。

孩子長大之後，嘮叨沒有意義

不論孩子長大到幾歲，母親的表情和言談都會對他們產生深遠的影響。當我準備創業時，如果兩位母親皺著眉頭說：「開公司，真的行得通嗎？」我想我就不會創業了。

說到底，孩子無法超越父母的「度量」。如果父母把心中的擔憂完全掛在嘴上，孩子一定會生活在比自己期望更小的世界裡。特別是對於擁有成年子女的六十歲父母來說，他們的角色不在於隨心所欲地表達擔憂，而在於肯定子女的生活選擇。我認為有兩個原因：

第一，孩子已經長大，他們不會因為父母的話而改變自己的生活方式。

第二，六十歲的大腦「比任何人都能先洞察到未來的風險」，但三十歲的大腦卻需要失敗才能成長。有個法則叫做「六十歲過度擔心孩子，孩子的人生會沒出息」。這點我在下一章詳細描述。

「結婚」與「生子」都是禁語

孩子長大成人後，不會聽從父母的話改變自己的生活方式，這種事不用腦科學來證明，憑直覺應該就能發現。話說回來，如果三十多歲還對父母言聽計從，反而才教人擔心吧？「這麼沒有主見的話，以後該怎麼辦！」的感覺。

所以，對孩子嘮叨是沒有意義的。既然沒有意義，何必故意惹他討厭，心情愉快的為他加油，讓親子關係變得和睦，有益無害。

尤其是關於「結婚」和「生子」，父母太囉嗦反而會招來敵視。

都二十一世紀了，沒有人會因為父母一句「快結婚」或是「快生孩子」就去結婚或生子。「若不早點結婚，以後就結不了婚了」、「孩子早生早輕鬆」雖然是這個世界的真理，但是二十一世紀的年輕人「非得打動心弦才會結婚」，若是父母太嘮叨，反而更難心動了。

人類為了履行義務或達成目標時，大腦會開啟解決問題的迴路。這個迴路是「讓我們暫時停止感覺能力，專注於為達目標而制定策略」。為了履行義務時，任何人都啟動這個迴路。

換句話說，年紀老大不小了、該結婚了——因為這種心態而開始聯誼活動，感覺迴路就會停止。即使是旅行途中偶然相逢會墜入情網的對象，經由聯誼顧問推薦「這個人條件不錯，而且長得也很帥」，恐怕也動不了心。再加上兩老一再催婚，更是不可能浪漫得起來。父母越是催促越是反效果。

當父母的如果說：「如果你永遠單身，陪我一起去旅行，那就太好了。」子女會想：「我要跟母親一起變老嗎？不是『與母親一起』而是『陪母一輩子』啊！」一想到這裡就有點膽怯，也許因此提起勇氣開始新人生（微笑）。

各位不妨想想自己年輕時的心情。周圍交相稱讚的異性，你沒有任何感覺，別人說：「那個人很危險，千萬別惹他」，反而令你心跳加速。誰都有過類似的體驗。

如果希望子女快點結婚，那就別把「結婚」兩個字掛在嘴上。

「生了孩子才算長大」是無稽之談

還有，歸根究柢，能不能丟掉「結了婚才真正長大」、「生了孩子才算長大」之類的觀念呢？

地球人口快要到達八十億，在我讀大學的時代（一九八〇年左右），地球人口約有四十億，在這四十年間膨脹了一倍。有位科學家曾說：「不論如何提高地球所有資源的使用效率，這個地球最多也只能容納八十億人類。」所以人類現在不得不認真思考其他行星的資源利用了。話雖如此，在前往其他行星的夢想實現之前，八十億人的地球時代已經來臨。

人類若想在地球這個封閉系統中生存下去，只能讓那些一定程度上享受過人生的人，如同退休般在「固定壽命」從地球畢業，或者是讓人口慢慢下降。

事實上，如同預知這個事實般，出生率開始降低。二〇〇〇年代以後，有人指出男性降低了生殖荷爾蒙的分泌，草食系男子不斷增加。這也許是大自然的大潮流。

在這種時代，「生子為人生必要選項」的想法有什麼意義呢？想生的人生下孩子，不想生的人，把人生資源盡可能用於自己身上，快樂的活在地球上就行了。

大腦知道壽命幾時盡

我相信，我們的腦從出生之前就決定了在地球上遊歷的時間。

一九九〇年代，我師從東京醫科齒科大學名譽教授角田忠信門下，參加腦的實驗。有一天，角田老師突然說：「腦似乎從一開始就決定好自己的『天年』。因為腦波振盪（腦會反應的特定周波數）就如同壽命。」

當然，這種見解無法證明，只能當作一種啟發，但是我當下就接納了這個看法。因為從很早之前我就認為人類的腦「會完美的老化，以便安樂的死去」。

不久之前，看到老祖母們以九十多歲的高齡去世，她們的大腦用了許多年緩緩停止活動的過程，看起來就像「安樂離世的程式」。因為祖母們的腦就像是知道某一年的某一天過世，預先啟動了關閉程式。

角田老師的話，讓我更堅信這個想法，認為「從生下來的時候，腦就決定好要在地球這個遊樂園玩多少年。」壽命或短或長，都是腦的選擇。腦只是享受著已經決定的年數，回到另一邊去罷了。所以我對自己的壽命從不放在心上。其實當時我可以問問角田老師「有關我壽命的振盪是多少呢？」但是，我壓根沒想過這個問題。反正，大腦自己知道，只要服從腦的引導就行了。不用違逆衰老，只要專心的品味「地球」到最後一刻就行了。

角田老師看我點頭同意，問道：「你不問問自己會活到幾歲嗎？」我回答：「是呀，因為我沒興趣知道。」我說的是實話。角田老師微笑著說：「我猜也是。所以才告訴你這個理論。就算你問我，我也沒打算回答。普通人好像都很在意壽命，我並不想告訴其他人。」

了解一顆星，就能得到所有的星

我們的靈魂來到這個世界，得到生命時，肯定就決定了將在這個地球遊歷多少年，然後朝著終點，做好「起飛的準備」離去。

想必各位都讀過《小王子》（聖・修伯里著）吧。迫降在沙漠的飛行員，遇到了小小的王子。當飛行員為了修理飛機傷透腦筋時，小王子在一旁說起了他自己的星球、其他星球和在地球遇見的人物故事。

小王子在地球上所見所聞和感觸，既溫暖又傷感，感動了飛行員還有讀者的心。

不久，當飛機修理完畢的那天，小王子告訴他：「今晚，我要回到自己的星球了。」飛行員意識到他們即將永別而感到悲傷時，小王子這麼說：

「你會擁有一顆其他人都不曾有過的星星……」

「當你在夜晚望著星空時，因為我住在其中一顆星星上，而我在其中一顆星星上笑著，對你來說，就像所有的星星都在笑。那麼你擁有了為你而笑的整片星空！」「當你得到了安慰之後（人們總是會自我安慰的），你就會因為認識我而感到高興。因為你將永遠是我的朋友。」

永遠的分別並非一切化為虛無。只要知道在這片天空中閃爍的星星中，有一顆朋友的星，所有的星星就會顯得特別不同。只是了解一顆星星，只是鍾愛在那個星球上微笑的小王子，我們就能得到無數顆星星——小王子，聖．修伯里這樣告訴我們。

只因愛著一個，就能得到全部。這是多麼了不起的人生哲學呀。

過了六十歲，我們從生殖的束縛解脫，心不再被性愛的對象綁住。由於這個因素，我們能純粹愛著許多事物。換言之，六十世代是個可以得到一切的年代。

謝謝你來到這世上

自從讀到《小王子》這段文字之後，我對所有的相遇都懷著感謝。

迷上一名騎士，就對所有機車騎士都忍不住微笑，愛上一名舞者，就無法不聲援所有舞者。

由於我在電台主持節目，只要被一位聽眾打動，就無法不向所有聽眾送上聲援。因為收音機另一側，有人傾聽著，總是如實地讓我充滿感動，那種「如實」適用所有的聽眾。

有一次，我在廣播中這麼說——希望父母向孩子用話語表達自己的愛：「我真的很開心生下了你。很高興成為你的父母，謝謝你來到這世上。」

這些話會成為孩子自尊心的核心，一直守護著這個孩子。不論遭遇什麼樣粗暴的對待，被別人詆毀中傷，能夠肯定自我存在的人才是真正的強者。

盡可能在孩子獨立離家之前，對他說出自己的愛，如果來不及的話，不論長到多大的歲數，都可以對他說。即使是八十歲的父母，向五十歲的孩子這麼說，他也能肯定過去五十年，以及剩餘的人生。

第二週，有位四十多歲的聽眾寫信給我。她說：「如果父母能對我說這些話，確實能肯定我的人生。但是，我的父母都已不在，沒有家人的我該怎麼辦呢？」

我告訴她：「那就由我來說吧。謝謝你參與了廣播和我的人生。你能出生在這個地球上，真是太好了。」我在讀到這封信的剎那間，也衷心的關懷所有未能得到父母肯定的孩子們（也包括曾經是孩子的人）。我之所以能進行如此宏偉的「交流」，全都是拜這位聽眾所賜。真的感謝她的存在，我打從心裡這麼想。

任何人活在這個世界，只要是經歷了愛或傷害，都會想把「一切」獻給某個人。

人是一種無法獨立長大的生物，必須在別人的懷抱中得到撫慰，才能長大成人。擁抱小小生命加以撫慰的人，能得到偉大的胸懷。因為這個世上所有的「小小生命」那麼真實地擊中你的心，讓你思索地球的未來。

我們必須告訴孩子這個事實。

六十歲。如果還沒有向孩子傳達「謝謝你出生到世上」的話，希望你務必要說出口，以免未來像那位聽眾一般，成為心靈的迷失者。

看起來宛如死去，但其實並沒有

再回到《小王子》的故事。

最後，小王子把自己託付給毒蛇，因為他要把自己的身體留在地球上再離去。小王子對飛行員說，自己的星球太遠了，無法帶走這副軀殼，也許他看起來就像死了一樣，但是其實並沒有，請不要憂傷。

作者安東尼・聖・修伯里是一名飛行員兼小說家，生前留下數本暢銷書，《夜間飛行》這本書的書名還成為香水的名字。《小王子》是他所寫的第一本童書，出版於一九四三年，隔年他駕駛飛機到科西嘉島進行偵察任務，卻在地中海上空失去聯絡。將他擊毀的德國納粹士兵，也是聖．修伯里的讀者，事後談起時曾表示：「多年來，我都期望那個飛行員不是聖．修伯里，如果知道是他，就不會發動攻擊了。」

最後，聖．修伯里留下這本小說離開人世，我只能認為他的腦已經知道自己的「大限」。我們都是來到地球旅行的過客，因此看起來雖然像是死了，但是沒有必要悲傷。他留下如同遺言一般的話後，離開了人世。

我們所有人充其量只是來到地球旅行一百年的旅人，你自己是，你的孩子也是。

如果是你，在沙漠遇到「降落到地球遊玩的小小靈魂」，遇到「有期限的旅人」，你會說「請像一般世人那樣生活」嗎？如果是我，我會說：「請盡情尋找只有你才找得到的事物。因為不論是痛苦、悲傷、難過，都是為你製作的一場戲。」

所以，我也對自己這麼說——我們活在世上不是為了讓「世人」理解我們，而是用赤裸的心去接觸這個星球的真實。即使會痛，會悲傷，但是我如何反映在別人眼中沒有關係。地球如何反映在我的眼中才重要。

這句話，我也想送給你。希望你也能從「世人」當中得到解放。

我的孩子是沙漠遇到的小王子

如果你把自己的孩子當作「充其量來到地球旅行一百年的小王

子」，會不會覺得他可愛至極呢？

你難道不會想對他說，不用入世隨俗的結婚、生子，而是盡情享受你的地球之旅嗎？我了解你希望孩子得到一般人的幸福的心情，但是有些人並不能從結婚生子得到幸福。

而且如果孩子經歷過「並不幸福的狀態」，那也是他（她）的選擇。你想想，如果有一齣音樂劇，劇情描述「主角生長在美滿的家庭，健康、美麗又聰明，他過著如願以償的人生，安樂的死去」，你會去看嗎？可能活一百年的地球旅行，沒有一點曲折起伏，那不是無聊死了？——乖乖聽從父母的話活著，坐直升電梯讀到一流大學，進入一流企業上班，每天到「都市的四方形盒子裡」，活到六十五歲，跟門當戶對的人相親結婚，生養兩個孩子，然後死去。如果是你，這種選單按鍵，你按得下去嗎？

也許波濤洶湧，也許傷心難過，但是正因為傷過心，才更懂得愛與美好。如果有這樣的一百年旅行，何不選擇它？

不管是你的地球行，還是孩子的地球行，都是個人大腦選擇的一部連續劇。只要為他鼓掌和守護就行了。不論是自己的，還是孩子的。

對孫兒的擔心不可過度

去年，我把第一個孫兒抱在懷中並且對他說：「歡迎你，來到地球。」我們家的小王子，真的就和《小王子》插圖中的王子一模一樣（不過，反正所有小寶寶都長得很相似）（微笑）。

我打算當一個最好的觀眾，欣賞他如何度過他的人生。不論遇到什麼場景，我都會相信他，為他鼓掌。

我想，這才是祖父母扮演的角色，不是嗎？

許多新手媽媽都對擔心孫兒的祖父母看不順眼。

就如本書的〈前言〉中提到，對女兒或媳婦說：「〇〇家的孫子，才十個月大就會走路哦。最近小孩子長得好快……對了，你這孩子都快一歲了，沒問題吧？」是舉世公認的禁忌。孩子的成長，母親本來就會一直關心，即使是小小的紅疹，身為母親都會擔心是不是什麼嚴重的病。這種時候，老年人的台詞應該只有「沒事的、沒事的」。如果腳的狀況真的有點奇怪，那就應該冷靜的告知，讓母親快點帶他去看醫生。

既無根據，也沒有解決方法，卻說出「沒問題吧？」的話，只不過是為了讓自己放心。這真是要不得的行為。會說出這種話的人，即使寶寶很早就學會走路，他也會說：「聽說爬得不夠多的孩子，手腕力氣不夠哦，沒問題吧？」不論怎麼做，他都能找到擔心點，不負責任的發表意見。親戚或朋友當中想必都有這一類的人吧？雖然他是為了對方好才說的，但是這些話只會增加對方的不安，沒有任何價值。

其實，有不少六十多歲的人會這麼說。因為如前一章所述，六十歲是洞察的天才。如果把洞察到的事全部說出口，只會引人不快或是不安。盡量顧慮對方的想法，把部分洞察到的事按捺下來，尤其是對兒女或孫輩少開口，是六十歲應有的禮節。

第四章

放下
「在意老化與死亡」

這一章裡，我想解說我們的一生在腦中如何演進，換句話說，就是一生是一部什麼樣的連續劇。

我們的腦中有明確的故事框架，然後按照劇本的內容一年年長大，如果理解它的內容，那麼衰老和死去，都不再是負面的事。

我想詳細地解說六十歲的人經歷過的年代，當你了解自己身邊的年輕人現在活在什麼階段，對他們所有的言行舉止，應該會感到可愛吧。更重要的是，藉此機會重新認識自己的人生，重新用愛的眼光審視人生。

接下來就請好好品味「一生是什麼樣的連續劇吧」。

大腦的「保鮮期」

各位認為，大腦的「保鮮期」是幾歲？

有一次，一位腦生理學專家問了我這個問題，見我想不出來，他告訴我：「二十八歲。」又說：「腦的顛峰是二十八歲，超過三十歲就開始老化。人腦的保鮮期限意外的短暫。」

我無法接受。我們的身體有可能存活超過一百年，但是大腦卻只有二十八年的保鮮期，太不成比例了。我在大學讀的是物理學，從沒看過像「人類」這種經過數萬年進化，卻普遍存在這種不成比例，完全違反物理學的世界觀。

話雖如此，實際檢查大腦，隨著年齡增長，人無法再像年輕時那樣快速而全面的運用大腦。我不得不暫時接受人類的生理，的確是違反了物理學的世界觀。

五十六歲開始腦力的顛峰

我是為了人工智慧而研究人腦，所以把腦當作裝置。

我想了解大腦這種裝置對於什麼樣的輸入，會傳遞什麼樣的腦神經信號，進行什麼樣的演算，還會做出什麼樣輸出。另外也想研究它是個由什麼功能區塊形成，又如何控制的裝置。

事實上，如果從腦的保鮮期限這一點來看大腦的話，答案完全不同。

腦的完成期是五十六歲，從五十六歲起，才是腦發揮真本領的時候。

前一章的最後提到，六十歲是洞察的天才，如果把洞察的靈感全都說出口，會令身邊的人不快或是不安。

在〈放下「在意痴呆」〉那一章中，也提到了六十世代會因為大腦洞察力太強而苦惱，為了減少這種狀態，便出現「靈光閃過」的現象。

沒錯，六十世代是洞察的天才，事實上，也是大腦活動最旺盛的時期。說得精確一點，腦在五十六歲到達了某種程度的完成，到六十三歲前持續發展成熟。從六十三歲開始的七年間是洞察身邊的一切種種，享受人生的年代。

在本章會談到六十世代的大腦有多麼厲害。但是首先從說明大腦六十年來的發展過程開始。

第一個二十八年是輸入裝置

如果將我們的腦當作一種裝置，它的「裝置特性」每二十八年會改變一次。

第一個二十八年是明顯的輸入裝置。這是大腦想了解世界樣貌的二十八年，也是掌握「世事」總體，理解「世人所謂的正確生活方式」是什麼的二十八年。前十四年是感性記憶力的全盛期，後十四年，也就是十五歲到二十八歲，到達單純記憶力的顛峰。

是的，人生第一個二十八年，是「最擅長記憶新事物的期間」，如果以「能記憶新事物」而稱之為「頭腦好」的話，腦的保鮮期限看起來的確只有二十八年。

但是，我們的頭腦是這個宇宙古往今來獨一無二的裝置，是由基因和經驗的奧妙製造出來的裝置。在宇宙誕生至終結的廣闊時空中，只誕生了這麼一個特殊的裝置，難道僅僅懂得世間的常規就足夠了嗎？

腦會觀看只有腦看得到的事物，感受只有腦感受得到的事物，只有腦才能做、才能形成的事物。別人認同或不認同，在這個階段完全無關，重要的只有自己的理解。因為這是「宇宙獨一無二裝置」的使命吧？

那麼，腦的顛峰期不應該是輸入性能，而是輸出性能最大化的時期才對吧？這就是五十六歲開始的二十八年。

感性記憶力的時代

我們大致整理一下人腦的一生吧。請思考自己的來處，同時想想活在當下的子孫感受，接著往下讀。

在十二歲以前，孩子的頭腦會把體驗、五感附帶輸入的感性記憶（氣味、聲音、顏色、形狀、味道、皮膚觸感、空氣感等）細緻入微的牢記下來。所以，當我們猛然想起十二歲以前的記憶時，經常會浮現如實的味道和氣味。

讀小學的時候，我午睡時被雨聲吵醒。站在門廊邊，大雨打在被陽光曬熱的庭院石頭上，發出一股獨特的氣味。即使現在我已經六十歲了，當我在雨聲中醒來時，就會想起庭院裡的石頭，同時那股氣味也會鮮活的甦醒過來，宛如庭院的那些石頭就在眼前。

某位散文家曾這麼寫：「我想起小學五年級的時候，鄰居叔叔開著可樂娜新車的記憶。昭和時代新車的氣味，與不二家的北卡羅萊納糖果吃進嘴裡時的味道，歷歷如新。」十二歲以前的記憶真的非常厲害。

人工智慧時代的育兒手法

這種感性記憶與一生的感性，也就是感受力（sense）有關。這表示十二歲之前，五感伴隨的「偶然體驗」對人腦至關重要。

這麼一想，其實「為了記憶而進行符號式學習」似乎可以再往後延一點？畢竟十五歲以後的單純記憶力期，就是為了此而存在。

以我自己為例，由於我認為「下課後的遊戲比寫作業更重要」，所以兒子的這個時期，母子倆經常被小學老師責罵「交作業的比例太差」。對學校老師甚感抱歉，而且不用說，最後的學業成績並不理想。但是，兒子三十一歲的大腦，我完全沒有不滿意之處。

在人工智慧的時代，人類的工作會集中在感性的領域。現在的孩子長大之後，「比別人更早算出任何人都能滿意的正確答案」這種過去精英的工作，全部會交給人工智慧來處理。教育人工智慧感受（即生命的直覺），將成為人類的主要工作。

所以在孩子的小學時代，應該減少「算出正確答案的作業（測驗）」，選擇可以提供大量「偶然體驗」的教育機構。這種「偶然體驗」不是由教育單位刻意設計的美好活動，而是在教室與校園的角落，還有在休閒時間遇到的樹葉的氣味、風的觸感等等，能「與五感產生共鳴、世界觀的碎片」之類的體驗才是最理想的。

如果各位有還在讀小學的孫輩，請讓他們自由而盡情的遊玩吧。在邁入人工智慧時代的今天，我認為目光長遠的六十世代，不需要再說出「考試」二字了。

但是，如果孫輩的母親是個虎媽，一心一意以「入學考試」為目標的話，請也不要插嘴干預。抱著決心讓孩子準備小學考試或國中考試的母親心情，類似某種「拚命的人生哲學」，大多對別人的建言充耳不聞。而且，如果因為他人的建議而放棄了參加考試，未來孩子如果發生了什麼負面的事件，家長很可能會歸咎於放棄了那場「考試」的緣故，甚至有可能導致出現精神病的狀況。在這種母親身邊長大的孫輩，他們的命運並不是祖父母可以挽救的。

祖父母只要偶爾帶著孫兒出去，悠閒地度過一天就好了。在那段悠閒的時刻，如果發生「偶然體驗」，一定就能發展出感性。「偶然體驗」在短時間內也會產生，所以祖父母偶爾的救援也沒問題。

對了，如果孫子的母親熱衷讓孩子參加「升學考試」，但孫子的父親反對的話——只有在這種狀況下，倒是有建議的方法。

可以讓孫子的父親對妻子這麼說：「男孩子下課後或暑假時間，和同儕們混在一起才會長大。像是有時候來點小冒險，有時候互相討論女孩子的不解之謎。男孩子和女孩不同，不會專程互相約好時間見面。所以不可缺少住家附近經常走動的好友。我很心疼他如果去了私立學校，下課後就只能大家各自回家，暑假也見不到同學。不如考慮本地的公立學校？讓他結交鄰近的小夥伴吧。」

也可以看看電影《站在我這邊》（Stand By Me，羅伯·雷納導演，一九八六年電影），或是小說《夏之庭》（湯本香樹實著）。這些都是描寫少年「某年夏天長大成人」的出色故事。

這麼說並不是詭辯，「好哥們」是男性腦發育上重要的基礎。經由父親進行諄諄的建議，表達對兒子的男性心理發展看法時，應該也能打動母親的心。這個建議多次奏效，如果條件吻合的話，不妨試試看。

當然，十二歲以前的「升學考試」並非全都不好。如果父母有共同的想法，孩子自己也有挑戰的意願，而且樂在其中的話，我們沒有理由反對。考試時期即使有或多或少的壓力，但是長此以往，能夠在適合孩子的學習環境中，快樂的學習，那也是很棒的事。

但是，二十一世紀已不像二十世紀以精英學歷為王道了。喜歡參與「升學考試」很好，不喜歡的話，不參加也可以。當然，入學之後，如果感覺孩子過度忙於「解開正確答案（習題或測驗）」，也可以讓他退出。總之，我希望家庭能夠擁有一種輕鬆的、遊戲感覺的氛圍，同時也有足夠的彈性和餘裕。而這種餘裕很適合由大腦處於顛峰，懂得用長遠眼光看待世事的六十歲長者來承擔。

大人根本不懂

至於，源源不絕吸收感性資訊的孩子大腦，不會永遠保持幼少的狀態。即使容量擴大、或是有多龐大的腦細胞量，附帶感性資訊的記憶，不久之後也會不夠用。此外，記憶的單位太巨大，不適於檢索，腦的判斷速度也很慢。

因此，人腦會漸漸轉變為記憶收納效率高，檢索速度快的成人腦。成人腦大約在十五歲生日前後完成，體驗某些新事物時，就會立刻抽出「過去的類似體驗」分辨出差異，掌握要領，只記憶差異的部分。這種方式不但收納效率高，也形成「類似」與「差異」的樹狀構造，檢索效率絕佳。

相反的，附帶的感性資訊則會被果斷切掉，因為會套用「已認知的模型」，輕鬆地將其切割出來認識，就像是「啊，這個就是那個吧」。

舉例來說，就像是用模具把餅乾的麵糰壓出形狀。大腦將完成的「記憶」壓成整齊的形狀，方便處理，也方便尋找，但是會把周邊雜亂的麵糰捨棄。所以，從十四歲來看會覺得「大人習慣逃避，什麼都不懂」。

十四歲時，感性的原型大致完成，但是「大腦還看得到餅乾麵糰丟棄的角邊料」。在他們來看，大人的決定是把重要的事物切割掉，所以難以忍受。

如果輕視他們重視的事物，或是責備他們在乎的朋友，會是一件非同小可的事。這種時候，多數大人對十四歲口中「你們大人都不懂」都會嗤之以鼻，心想：「你們才不懂呢。」但是，其實錯了。真的不懂的是大人們。因為很遺憾的，處於生殖期中的大人，看不到十四歲看得見的東西。

我想向這世上所有十四歲的人表示敬意。即使現在，我也十分珍惜自己十四歲時尋獲的寶貝。

與十四歲的自己重逢

十四歲正好在感性的完成期，可以說人會以十四歲的感性度過一生。十四歲時認識（深植腦中）的音樂、語言、藝術、崇拜的人物等，都會在一生中鼓舞著大腦。

據說只要問藝術家或音樂家：「十四歲時你遇見什麼？」就能理解他的根源。真的不能小看「十四歲的邂逅」。

日本搖滾樂團 The High-Lows 有一首歌叫做〈十四歲〉，歌詞是這樣的——那一天我的錄音機帶點自傲地說，隨時隨地只要你按下開關，那瞬間一定讓你變回十四歲（甲本浩人作詞）。

了解十四歲大腦的我，聽到這段歌詞無比激動。這首曲子如實描寫了十四歲的浩人心臟被搖滾樂射中的瞬間，讓我的心為之震盪。因為我遇見搖滾樂的那一刻，也像是心臟被射穿一般，只不過我遇到的時間比十四歲更晚一些。這位浩人先生前天（二〇二三年三月十七日）也歡度六十歲生日。即使是現在，他肯定還停留在十四歲搖滾樂的悸動當中。

希望你務必也要重新遇見十四歲的自己。到了六十歲，如果發現最近好像不再心動了，請再次看看十四歲時震撼你心靈的事物。

十五歲，在成人腦開始的同時，我們毫不留情的被捲入生態系的巨大競爭中。為了吃而戰鬥，為更好的生殖而戰鬥——對於在充滿讓細胞老化的物質「氧氣」的星球上出生，不得不藉由生殖延續生命的生物，這是無法逃避的戰鬥。在這種焦慮感驅使下，人們會希望成為更美麗、更強大、更聰明——比任何人都正確，比任何人都重要的人物。

但是，現在，從這種咒語解放，活出自己人生的機會來了。只要回到被迫戰鬥前的十四歲大腦就行。而且真的回得去，回到那個陶醉於美麗事物、令你心跳加速而且射穿心臟的日子。

那時代，是什麼讓你心神蕩漾？

我十四歲時，認識了披頭四和舞蹈，另外就是收音機。我們那個世代的國中生全都接受過深夜廣播節目的洗禮。電視不論哪一台，到了深夜十二點全部收播，變成狂風沙一般的畫面。在沒有手機和網路的時代，年輕人的心情就像是全世界只剩下自己一個人，在這個時間打開收音機，期待著充滿魅力的電台主持人念出聽眾的來信，訴說人生的故事。

我從未想到六十歲以後，還會跳進廣播的世界。二〇二二年十月開始，我成為NHK第一廣播電台清晨資訊節目的週五主持人，負責三小時二十分鐘的現場節目。廣播的魅力一如五十年前，完全沒變。我與聽眾融為一體，盡情體會「當下」這個時間。與五十年前不同的是，聽眾的訊息會透過社群媒體不時跳出，我感覺更與大家同在一起。

我與「十四歲時令我心神蕩漾事物」重逢，成為當事人，每星期都要心潮起伏一次。真的太幸福了。由衷感謝。

十五歲，成人腦的完成

再回到主題吧。

十五歲，成人腦完成，從此時之後的十四年開始單純記憶力的最大期。單純記憶力，就是在相對較長的時間內保留大量資料的能力。雖然號稱「單純」，但是創造出來的知識卻不那麼簡單。由於大量資料可以排列並保存，也可以將它們統整並生成抽象化的詮釋資料（Metadata）。因此，它具有取得「品味」和「發想力」的能力。

不僅是用功讀書，衝向運動的極限、藝術的極限、技藝的極致、學問的探究，看著前人的背影學習工作的竅門等等，一般人認為所有「用腦」的行為都能手到擒來的年代。

單純記憶力的最高峰時期到二十八歲時結束，我的腦生理學老師可能覺得「腦的顛峰結束了」吧。

過於衝動莽撞，失去方向感

從十五歲到二十八歲，大腦全力以赴地想了解世事，正是衝動學習、工作、遊樂的時候。二十歲中期，我甚至連通宵工作都當成「校慶前夕」般樂此不疲。只是，我不太清楚自己到底往哪個方向走。有一次問公司的前輩：「前輩，開發這個系統（人工智慧），人類真的能變得幸福嗎？」他反問我：「你的目的是想讓人類幸福嗎？」我記得我的回答是：「倒也不是。但是我有點不清楚，自己真的要窮盡一生投入在這件事嗎？」也許，我失去了自己的初衷，搞不清楚現在的人生是否正確，因此期望著對方能告訴我，「為了人類的未來，必須這麼做」或是「挽救生命」，我就不再迷惑。

但是前輩告訴我：「別說那些有的沒的，抓準交貨時間。在思考人生使命之前，你還有工程師的使命。」後來我才明白，在腦科學上，沒有比「別說那些有的沒的」更正確的答案了。

別說那些有的沒的，往前衝吧

二十八歲之前的大腦是個非凡的輸入裝置，輸出性能出乎意料地差。除了運動神經或藝術眼光等與生俱來的個性之外，透過經驗獲得的思考個性尚不突出，還無法了解自己到底是什麼樣的人。雖然吸收得很快，但是自問「我的人生可以走這條路嗎？」卻得不到答案。這是二十八歲前大腦的特性。

對於這個命題，只有自己來找出解答。但是到二十八歲為止，大腦不會主動給出讓人接受的答案，除了少數靠著天賦才華跑到前面的年輕人之外。

因此，對於二十八歲以下的年輕人說：「我不知道現在的工作是否真的適合自己」或「也許還有其他應該做的事」等想法，我總是一笑置之。「你的大腦還不知道你自己是什麼人，現在別說這些廢話，只要使出渾身解數，全心全力去做激起你好奇心或者前輩叫你做的事就好了。二十八歲前的腦是衝動的輸入引擎，每秒鐘都能得到什麼，但是卻為了尋找自我，躊躇徘徊，簡直就是浪費時間。總之，不論什麼都先吸收進來就對了，不久，信心會降臨腦中，只不過大概是三十歲之後的事了。」

所以呢，問二十八歲以下的年輕人，「你想成為什麼樣的大人？」或是請他描繪「理想的自己」，根本沒有意義。越是想搞懂這些問題，大腦越會走進迷霧中。在迷惘間無法提升輸入裝置的性能下迎接二十八歲。「別說那些有的沒的，向前衝！」是唯一的正確答案。

樹立社會性自我的時候

二十八歲，腦部對大腦所在的這個世界，左邊右邊、上面下面，裡裡外外開始有了理解。或者應該說，正好相反，大腦依據二十八歲前得到的資訊建構起世界觀。運用過去獲得的知識單元（item），決定了世界的左與右、上與下、裡與外。

過了二十八歲，大腦少了莽撞，開始冷靜下來，看得清楚周遭。也因為世界觀已經建立，開始有「世界原來是這個模樣啊？」的感觸，並且看清楚自己所在的位置，樹立社會性的自我。

孔子說：「三十而立」，「吾十有五而志於學，三十而立。」孔子在單純記憶力最旺盛時期開始研究學問，到了三十歲，樹立起社會性的自我。一想到至少在二千六百多年前，大腦就以同樣的時間表活著，不禁令人深有感觸。

三十歲的靈感

三十歲前後，是大腦容易獲得某些靈感的時期。這些靈感對未來的人生會帶來重大的影響，只是很久很久之後才會明瞭。

我自己在三十歲的某一天，突然產生莫名強烈的焦躁感。人工智慧絕對無法得到的，就是生命。而身為人工智慧研究者，我感覺必須接觸生命的真相。但與此同時，我也想體驗一下自己體內孕育生命的感覺。是的，我貿然下定決心生個孩子。

仔細想想，本是企業工程師的我，大約只有兩次請到產假的機會。就是成為獨當一面的工程師，升為主管之前，或是當上主管，培養出下屬的領導者之後。以年齡來說，大概是三十歲前後，或是四十歲前後，而我正接近第一次機會。

不知不覺間我的兒子誕生了。

那一天的焦躁感是對的。有了兒子之後，我發現了人腦的奧祕，這種無窮的潛在能力，是人工智慧遠遠難以企及的，另外還有生命的光輝……！

我覺醒了對人類及所有生命的尊重，開始著手研究「人類大腦」，以開發真正與人類共處的人工智慧。

三十歲前後是人生的分歧點。不管是自己選擇也好，從天而降也罷（在腦科學上，即使看起來像是從天而降的事物，自己大腦主動參與的可能性還是很高），想必很多人心裡應該有數。

那種靈感至少形成了一部分今日的你。不妨回想一下，讚美三十歲的自己「做得好」吧。

獨一無二的地球之旅

撰寫這本書的稿子時，十分神奇的，我有種回顧自己人生的感覺。一面回顧，一面重新體會自己正在從事一趟獨一無二的地球之旅。我所見、我所感，形成了我。一再經歷的失敗、痛苦和悲傷，形成了我。不論世人如何評價，我對自己問心無愧。

過了六十歲，我的心就像是蠶豆殼的內側長出了白色纖毛，好像所有的痛苦和悲傷，都能輕飄飄落地。別人的批評和挖苦，也是輕飄飄的；計程車司機走錯了路，孫子把茶壺的水潑到棉被時，也是輕飄飄的不在意。這種心態真不錯呀，我喜歡。

如果大家的腦也有同樣的心思該多好呀。如果能讀著本書，與我一起回顧人生，感受在這個宇宙活著是一場獨一無二的連續劇，該多好。然後，藉此機會，在心裡長出蠶豆般的纖毛，該多好。過去令你大受衝擊、感到震驚的事件，都能輕飄飄落地，泯然一笑。因為，這樣活著才會輕鬆愉快。

迷惘與困惑的三十世代

人生的複習，未完繼續。

二十八歲，大腦獲取了這世界的一切（正確的說，應該是大腦將二十八歲前取得的知識單元，建立了世界），但是如果要問它是不是最強，那倒也未必。

大量的資訊湧入了大腦，但是腦的神經迴路沒有設定優先順序，很難判斷哪個才是正確答案。

將棋名家米長邦雄先生曾說：「二十幾、三十歲時能預測數百手落子，到了五十多歲，就很難達到了。然而，不知為什麼，五十歲反而更強。」又說：「年輕時可以預測幾百步。但是挖空了心思去想，也不知道哪一步會贏。可是，五十歲就只會看得出勝招。」

三十歲的人能預測數百手落子，卻看不到勝招——這真的可以用來形容所有三十歲的腦。他們的腦中浮現最多數量的可能答案，但是無法憑直覺選出正確答案。對選擇猶豫不決，也無法認同自己的選擇，所以選完之後還是困惑。大腦是「快速選擇的裝置」，使命是「讓人滿意的選擇」，這種選擇滿意度低落的狀態，真是令人有說不出的苦。

三十世代不易結婚

如果在二十多歲看得清的事物少，大腦衝動期結婚，可以毫不猶豫地下定決心。然而進入三十世代之後，決心就變得越來越難。因為大腦能預測「數百手落子」了呀。想像負面的結局、考量結婚與工作兼顧、猜想會不會有更好的人選出現等等，因而遲遲無法下決定。

由於大腦來到選擇迷惘的時期，對戀愛的對象也感受不到二十多歲時那種信心。這不是對象的水準問題，只是自己的大腦變得遲鈍，大腦的主人會感覺「這個人馬馬虎虎，一定還會遇到另一個真命天子。」

至於三十世代，如果是個有工作的女性，也許對工作方面充滿了興趣，同時責任也逐漸增大。這時候如果遇到的人不怎麼樣，就不可能結婚了。

如果二十幾歲遇到喜歡的對象，最好是趕緊結婚。雖然現在不是必須結婚和必須生子的時代，但是如果有機會，我建議還是二十歲就達陣。

如果做父母的想勸子女結婚，只有在二十多歲有了對象的時期。不妨對他們說：「如果你打算結婚的話，就馬上結吧，別考慮什麼先存錢或是等工作告一段落。戀愛有保鮮期限，而且到了三十歲，你的大腦就會變得猶豫不決。很有可能在往後人生的某一時刻，你會懊悔當初應該跟那個人結婚。」

我不太會干涉兒子的人生（記憶中從沒叫他好好用功）。到了二十五歲前後，從他第一次介紹女朋友給我認識，我就開始催他結婚。「還沒求婚嗎？」「我想把這個戒指送給她。媽媽沒有女兒，寶石沒有可以留傳的對象。欸，要不然順便當作訂婚戒指好不好？」但是，在他二十八歲之後，我便不再干預他的婚姻大事了。

對於剛進入三十歲的孩子，不可再提及結婚的事。因為他的大腦不但轉變成不易結婚，而且如同前面所述，一旦父母開口，就會採用問題解決型的迴路，而不是感情型的迴路，更加不容易找到適合的對象。

而且三十世代的決心失敗率高，總而言之，「大腦會傾向刻意選擇失敗的路走」。即使如此，三十世代還是必須要勇敢的走下去。

大腦有意走向失敗

三十世代是失敗的適合年齡。

因為若要讓困惑的腦成為「直覺運作、讓人滿意的腦」，就必須經歷大量的失敗。

對大腦而言，失敗是最好的鍛鍊。承受失敗的痛苦情緒後，那個晚上沉睡的過程中，大腦會變更神經信號的流通迴路，使它不易再經過那次失敗使用的相關迴路。總之，一旦失敗，相關迴路的「瞬間優先順序」便會下降。

幾次失敗之後，大腦內部增加神經信號瞬間不易通行的迴路，減少原本進入視野的多餘資訊。

到了這時做任何決定的正確率便會逐漸升高，「讓人滿意」的感覺也會增加。

如果不經歷失敗，就無法啟動人的直覺，導致走向迷惘和困惑的人生。而且，眼前的資訊過於繁多時，所以大腦會發熱，變得難以忍耐。

但是，不用擔心。大腦一定會好好失敗。從旁看來，三十歲的大腦似乎會從選項中，故意選擇有失敗傾向的那一條路。

三十多歲正是大腦希望失敗，感受痛苦，決定腦部優先順序的時期。尤其是在三十五歲之前，困惑與痛苦的交錯十分激烈。很多人是不是一想到三十多歲期間都經歷過痛苦呢？

接納失敗，當成棲木

我在三十多歲時，剛創業就經歷大挫敗。第一次創業失敗，好不容易才振作起來。四十三歲時，我開了一家與自己能力相當的小公司，第二次的創業，娘家的母親和婆婆都給我支持，今年，這家公司歡度二十週年。

三十歲時的跌宕起伏，即使是父母也難以阻止，他們說了也是白說（反正不會聽），而且就算勸說能防範失敗於未然，但是對孩子的人生來說，是好是壞都很難說。大腦嘗試著失敗，如果阻止它，也許反而無法學到重要的「直覺」。原本是想為孩子好，結果也許反而削弱了未來的巨大成功。

我家兒子今年三十二歲，正處在失敗適齡期之中。繁雜瑣碎的事雖然多，但總體而言，他還是踏踏實實的經營公司。怎麼會這樣呢？未來會不會突然大禍降臨呢？就算真的發生了，我也打算接受並支援，這也算是向幼時曾經陪我度過三十歲跌宕起伏時期的他贖罪吧。

人的大腦製作精良，正向與負向的感性振幅相同。也就是說，大腦在大膽選擇的三十世代，越是感到痛苦，感動的程度也越大。不管是工作的浪漫、冒險的浪漫，還是育兒的感動，那種身臨其境的感覺，或者說是乘坐雲霄飛車般的感覺，十分地驚心動魄。

雖然是辛苦的十年，不過如果人生少了三十歲這段時期，可以說索然無味。一想到兒子和媳婦接下來將奔跑穿越這段時期，心裡就有滿滿的感動。

不只是我的兒子，我也願意守護年輕人的挑戰（即使六十歲的人幾乎可以看穿所有的失敗），成為他們整理受傷羽翼的棲木。我認為這是我們的使命——在此先記錄一下，以免忘了控制自己，忍不住斥責兒子的失敗。

失敗三原則

前面說過，失敗是大腦重要的鍛鍊。沒有失敗，直覺無法運作，不但見識短淺，而且培養不出同理心，人也會變得氣量小……沒有一點好處。但是不用擔心，世上沒有不失敗的人。不過遺憾的是，好不容易失敗了，失敗經驗卻沒有反映到腦中。

所以，我要提出失敗確實幫助大腦進化的三個原則：

1. 不將失敗歸咎他人。
2. 不要對過去的失敗碎念不休。
3. 不要對未來的失敗潑冷水。

另外，雖然說三十歲是失敗的適齡期，但是失敗造成進化的次數，其實在成長期最為顯著。嬰兒跌倒就能學會走路，戀愛被甩後成功率就會提高。而且，大腦至死都會向失敗學習，所以希望各位一生中都要遵守失敗三原則。

第一條　不將失敗歸咎他人

把失敗怪在別人頭上，大腦就不會啟動失敗模式，睡眠中也不會發生任何變化，不知反省的時候也是一樣。

勇敢坦承失敗，痛徹心扉（也會有少量打擊的電流流到大腦），是大腦進化時不可缺少的過程。

把自己犯的錯歸咎別人，實在是件可惜的事。儘管感到沉痛，但是腦卻沒有進化，這樣的失敗豈不是沒有意義了嗎？失敗時要勇敢面對，但是你不必一直抱著負面的思想，好好的痛徹心扉一次，大腦就會建立失敗的標記。這樣就沒問題了，它會在睡眠中進化。

你入睡時帶著清爽的心情就行了，即使忘了犯下的錯誤也無所謂。就算真的想起來，就告訴自己「這是今天犯的錯，明天清晨大腦就會復原，所以敞開心胸吧。」

搶佔他人的失敗

另外我還會搶佔別人的失敗。即使百分之一百是別人犯錯造成的失敗，我也會沉痛地想：「我本來應該可以做些什麼，早知道如此做就好了。也不是，或許應該那麼做？」事先這麼預習，大腦的迴路就會啟動，迴避當我處於同樣立場時的危機。

所以，主管失敗時，我也會把它視為自己的錯，積極地感同身受，當然，屬下的錯、家人的錯，我也會這麼做。

雖然我搶佔別人的失敗是為了自己，卻得到極高的評價。當主管沒注意到報告的重要部分，我會對他說：「我應該貼上貼紙再交出來的。因為部長要處理的事情那麼多。」於是他會對別人說：「她的工作能力很強。」下次我提案時，他也會十分專心傾聽。

向年輕人傳授成功的祕訣

——搶佔別人的失敗。「我也應該能做些什麼」，我感到沉痛地說：「如果我做了〇〇就好了。」

如果我事先把這個祕訣教給兒孫或下屬，他們一定能出人頭地。因此，先從身邊開始實行吧。六十世代人平常就實踐這個動作，當兒孫或下屬犯錯時，不妨開口對他們說：「啊，那件事是我的錯。如果我事前幫你注意到就好了。」

這樣的發言還具有很大的附加效果，對於體諒自己的失敗、分擔責任的人，人們絕對不會鄙視他。不論到了多大歲數，你的人生一定都能與年輕人共處。我覺得這是非常美妙的事。

第二條　不要對過去的失敗碎念不休

失敗的當天晚上，大腦會提高失敗相關迴路的「閾值」（引起反應的極限值），讓信號難以流過。總之，失敗的第二天，信號不容易流到失敗迴路。

大腦特地阻礙了信號流過，第二天還耿耿於懷的碎念不休，你想結果會怎麼樣？大腦的記憶甦醒，信號又流過，更新了記憶，以至於信號又變得流暢了。是的。如果一直碎碎念這件事，又會變回容易失敗的迴路了。

像是練習高爾夫球的時候，如果自我反省：「要注意打出去的時候，這裡不要搖晃。」於是大腦就會細心的讓信號流過當時使用的神經迴路。只要想到身體的動作，大腦就只會對身體做出動作時使用的腦神經迴路通電。因此，之後揮出的球桿，大致會按照反省的內容，不會搖晃了。

工作上犯的錯，只要稍微閃過腦際降低風險就行了。鑽牛角尖式的反省反而危險，無法發揮直覺的效用。

第三條　不要對未來的失敗潑冷水

連過去的失敗，一再碎念都有危險，未來根本尚未發生的失敗，還一再潑冷水，可以說是愚蠢至極了。「好像會輸」、「反正會失敗」、「肯定行不通啦」等話，在說話當下，失敗迴路就會大開閘門，趨向負面的未來。

如果大人對認真努力的孩子說：「你上次因為〇〇而失敗了對吧。這次要努力，別再犯錯了喲。」我會想把那個人揍一頓（先為自己的粗暴道歉）。因為孩子聽了這樣的話，不可能有好的表現。上場之前，失敗的迴路又被重新覆寫，真是太可憐了。

年長者不可以把自己的不安隨意丟給年輕人。六十世代的人是洞察的天才，有些人會發現各種各樣的「不安種子」。如果隨意透露給兒孫或是下屬，他們將會繼承失敗連連的人生。

六十世代不時浮現「不安種子」的人，恐怕養育你的人也會經常把「不安」放在嘴上，請讓這個輪迴到你這裡就停止吧。

一再失敗不是命運，是自己的錯

思想負面的人會執著的認為「反正會失敗」，這個思想會活化自己大腦的失敗迴路，而一再失敗。讓自己失敗的不是命運，而是自己。

我個人很討厭「反省」這句話。專心工作或練習舞蹈時，我絕對不抱著「因為做了〇〇所以才失敗」的想法，只會告訴自己「如果這麼做就會改進」。比如說，我不會想著「都是因為膝蓋太往前伸，所以才不對」，而會想「下次胸口往前挺吧」，這兩個想法雖然看起來是同一件事，但是腦神經迴路的建立方法卻完全不同。

對待孩子們，我也打算採用這種說話方式，例如我不說：「要是□□就不行。」，而說：「要不要試試○○？」當然，有時候為了讓孩子容易明瞭，也會說：「○○會不會比□□好一點呢？」但是我會留意自己不要隨便說出不對的部分，絕對不在孩子臨上場前說：「你千萬不要□□哦。」

如果心裡想著「也許會不行」、「也許會輸」，那麼八成會是這種結果。

向別人提案的時候，若是一味的想「大概會被拒絕吧」，那麼一定會被拒絕。因為，當你想像負面結果的瞬間，就會露出不安的表情。

人類是一種表情會轉移的生物。不安的神情會轉移給對方，對方也會顯露不安的神情。對方一旦露出不安的表情，就會誘發不安時的大腦神經信號，使他們感到不安，最後這項提案就不會得到認可。

成功體驗創造「一路平步青雲的人生」

用相反的說法，「好印象」非常有效。身體會按照好印象展現靈活和彈性，因而容易產生好結果。運動員經常會進行印象訓練，回想自己最顛峰的狀態。這在腦科學上十分正確。

立刻就能浮現好印象的大腦，是做任何事都能一帆風順的人的大腦特性。既能讓自己的身體靈活行動，也容易獲得周圍人們的贊同。

好印象塑造好表情，讓眼前的人也露出好表情，自然而然帶動了好心情。

幫助你周遭的年輕人建立立即浮現好印象的大腦吧。

要打造出「立即浮現好印象的大腦」，不可缺少成功體驗。對大腦而言，失敗是最好的鍛鍊，成功同樣也是最好的鍛鍊。

只要小小成功就可以，像是人生的前輩對「自己行為」的祝福。這會在年輕人的腦中建立「立刻浮現好印象（順利的印象）的迴路」。

從嬰兒時期就要開始這麼做。

當寶寶會抓東西時、會站起來時、第一次把抓到的東西放進嘴裡（即使不是食物）、按按鈕時、翻倒杯子把水潑出來時、把所有面紙從紙盒抽出來時、把餐具一股腦丟進垃圾桶時——孫子的大腦第一次做的事，我全部都給予讚美。

多數的大人會分成「可喜的事」與「不可喜的事」，讚美前者，對後者皺起眉頭。但是，我不做分別，只關注在「他做到了以前還不會做的事」。

無論嘗試什麼挑戰，你都會受到祝福。如果自己能採取行動，一定會成功——我希望孫兒的腦海深處能留下這樣的印象。動作的是與非以後再教他就行了。

祝福不論從幾歲開始都有效果

有人會問，不論好壞都給予讚美，萬一有危險的狀況呢？是的，沒錯。當然，危險的事要阻止。孫兒對於我的NO，會即刻產生反應，身體僵住。平時對任何事幾乎給予祝福的人突然冒出的「不行」，非常有效果。就算還沒滿週歲，孩子也知道不尋常。

在家裡，我媳婦對大多數搗蛋都是笑一笑就過去了（今天早上，孩子把優格潑在她身上，她哈哈大笑），真的是個好媽媽。我兒子自己也是這麼長大，大多能寬容。最大的問題在爺爺。爺爺經常對著不滿週歲的寶寶說起大道理，所以孩子有點嚇傻（拜此之賜，爺爺說的「不行」完全沒效）。但是，孫兒滿一歲一個月大時，他和爺爺好像成了平起平坐的好朋友。孫兒似乎很喜歡罵人沒有分寸的爺爺。到了現在，我覺得孩子身邊有各種各樣的大人也很好。

如果各位當中有人感到沮喪：「我可能對孫子說太多『不行』了。」我在這裡告訴你，完全沒關係。祝福從幾歲開始都有效果。尤其以前不曾祝福過的大人，現在給的祝福絕對效果更大（就像我的「不行」特別有效），只要從今天起多留心就好。

珍惜六十歲的成功體驗

而且，成功體驗在六十歲的腦中也有效果。

不妨也給予老公（老婆）讚賞和祝福吧。

老公剛退休，捲起袖子做起他不習慣的家事，不要一開口就挑剔他這個不合格那個不對，不妨特意對他「第一次做的事給予祝福和讚美」。

面對操持家事多年，已進入資深領域的老婆，不妨也先對她說：

「你做的菜（清掃工夫）真是奇蹟。」

想要獲得成功體驗，可以發展新的嗜好。

竅門是向善於讚美的老師學習。

後面會再詳述，六十歲是旅行和學習的好時機。事實上，六十世代比年輕人更快掌握訣竅。因此，六十歲學書法會產生意外的成功體驗。請不妨試試。

「不惑的四十歲」與「健忘的四十歲」

話題扯遠了，回到主題吧。從大腦解說的人生之旅只說到一半，才講完三十世代。

當我們經歷過迷惘與困惑的適合失敗年齡：三十歲之後，等在前面的是「健忘」。到了四十歲前後，任何人的大腦，都會開始健忘。

但是，不必擔憂，健忘不是老化而是進化。

三十歲在累積了許多失敗和成功中，大腦會排列出對生存有效的優先順序，分成應該立刻流通信號的迴路與不應流通的迴路。而不應流通的迴路末端，就是一時想不起來。只是如此而已。

大腦內存在的迴路數量近乎天文數字。可以立刻選定的線路越多越迷惘，越少越不困惑。要成為「毫不疑惑，立刻給出滿意答案的大腦」，必須經過重重失敗，一再的鎖定。到達那個境界需要花四十年。絕對不是「二十八歲開始老化的大腦終於出現痴呆了」。

孔子說：「四十而不惑。」也就是說舉世尊崇的孔子，在三十多歲時還會迷惘困惑。而且，既然到了四十歲不再困惑，孔子應該也開始健忘了，因為大腦的「不惑」與「健忘」是兩兩成對的。

四十世代是越來越健忘，也是越來越不惑的十年。在自己的大腦中，核心答案已經出現。我們在工作上受人倚重，孩子進入升學考試期，因而也是責任越來越重大的年代。

六十歲儘管忘記

回到健忘的主題。到了六十歲，連自己遺忘的事也都忘了，所以越來越不會放在心上，忘了就忘了，沒關係。雖然偶爾會因為健忘過度而愕然（上了二樓卻忘了要來拿什麼……？），這也只是小失誤。前面也提到過，我們會忘了一般名詞，甚至連用途也忘了，但是不需要害怕。

不論如何，大腦會忘記是因為它判斷「人生並不需要這件事」，只要聽從大腦的指示，悠哉生活就行了。

有一次，我去搭上越新幹線，在我斜前方的座位，坐著四位貌似六十多歲的女士，她們打開便當，一面開心談笑（新冠肺炎流行之前），其中一位女士說：「哎呀，就是那個女明星嘛，演過一部跳舞的電影，然後跟導演結婚了……」

對面兩個人也回答了：「啊，我知道我知道，就是跳芭蕾的那位！那部社交舞的電影，名字叫什麼來著……」「〇〇太太喜歡的演員也有演呀。臉長長的。呃……叫什麼名字呢？那個人演的古裝劇也很好看……哎喲，那部古裝劇叫什麼呢？」打啞謎不斷擴大，卻沒有人想得出答案。過了大宮站之後，夾雜著其他的話題，幾次好像快要想出答案，但是直到終點站新潟，四個人還是沒想出來。多有魅力的女士呀。雖然想不出來，有點不痛快，但是對人生沒有絲毫影響。對這四人來說，社交舞或是芭蕾舞都是脫離現實世界的題材，究竟是哪個人哪齣戲，根本一點兒都不重要。

即使是在一旁看好戲的我，也沒能想出那個女明星的名字，與她們一樣悶得慌，但是車到越後湯澤一帶時，靈機一動：「對了，上網查！」立刻拿出手機，輸入「社交舞、電影、女明星、芭蕾舞者」，一按下鍵就跑出「草刈民代」的名字。

我們是個幸福的世代，一旦出現「那個，呃，就是……」的時候，只要上網就可以滿足一切。再過不久，ＡＩ也會幫助我們。在不久的未來，我們將會與自己專屬的ＡＩ一起生活。說不定它可以像胸針一般，別在毛衣上帶著走。如果自己咕噥著：「啊，那個那個，上星期和○○太太聊天時談到的那個……」隨侍在側的AI就會告訴我們：「是□□呀。」健忘？有什麼好擔心呢。

另外，各位聽過最近相當熱門的「ChatGPT」嗎？它是一種查詢AI，不論問它什麼，都能對答如流。不過，它撒起謊也絲毫不含糊，不能太過信任。例如，輸入「告訴我黑川伊保子是什麼人」，它會回答：「日本的小說家，一九五二年生於神奈川縣，代表作有《蜜蜂與遠雷》，拍成電影成為賣座片。」——這是哪位啊？出生年和籍貫都錯了，《蜜蜂與遠雷》是作家恩田陸的作品。而根據維基百科，恩田女士生於一九六四年，是青森縣人。

人工智慧說到底也只不過是「就輸入的資料進行演算再輸出資料」的裝置。它不會像人類的記者般起疑：「咦？好像不太對勁哦……我再仔細查證一下吧。」所以它會把網路謠傳的原文照搬。當然啦，這麼離譜的ChatGPT靠著搜尋者反饋，便會提高正確率了吧。

五十世代，任何人都能成為某種事物的專家

迷惑的三十世代、健忘的四十世代之後，在五十六歲，大腦進入下一個階段，終於展開人生頭腦最好的時期。

本章一開始就談到，把腦看成一個裝置，每二十八年會改變一次性質。第一個二十八年是輸入性能的全盛期，第二個二十八年是決定優先順序的期間，而五十六歲開始的第三階段是輸出性能的全盛期。

你可能會問，為什麼是二十八年？其實人類的大腦在生理上有「七年週期」。我們的腦會精準地每七年升級一次。七歲是小腦的完

成期，十四歲是感性的完成期，二十一歲是前額葉的完成期……所以用7×4＝28年來概括。

為什麼以七年為週期呢，這說來話長，如果有興趣的話，請讀我的另一本書《人類每七年脫皮一次》。

當二十八歲「隨心所欲記憶新事物時期」結束，接下來要面對的是失敗、困惑與健忘，所以我們自然而然會以為大腦的顛峰期只到二十八歲。但是，長達四十年的大腦研究，讓我深具信心地說，大腦是一種一秒鐘都不作白工的裝置。如果它的目標在二十八歲時就結束的話，肯定生命也到此為止了——我抱著這種信念解析腦的一生，結果也確實如此。失敗、困惑與健忘是大腦進化的重要步驟！

五十六歲的生日，是大腦的完成紀念日。腦內的迴路已經充分建立優先順序，形成「即刻得出正確答案的大腦」。

此時的「正確答案」是大腦從累積多時的行動得到的答案，舉例來說，意識和時間著重在整理收拾的人，就會進入「只要他經過的地方，房間就煥然如新」的境界。完成度很高，他自己卻是泰然自若，意外的是很多時候他根本沒有察覺到。

我正是五十五歲前後發覺從廚房的上層板掉落的保鮮盒或保鮮膜，我連看都不用看就能隨手接住。只要喀嚓一聲，就知道會從哪裡掉下來。廚房流理台上的物品滑落時，我不用看一眼就能用腿接住（！）。我究竟算是哪一種達人？

我把這件事告訴同世代的朋友，有兩個朋友也喜形於色地說：「我也是呢。」彼此都感到「五十世代真是厲害。」當天晚上，我把這事又對兒子說，不料他卻不屑地說：「第一，保鮮盒之類的雜物，能不能別塞在廚房的上層板啊？這種達人根本不值得炫耀好嗎。」確實，言之有理。畢竟這話證明了三十歲、四十歲時，保鮮盒不知道掉下來多少次（苦笑）。

在專業領域上，不論男性或女性，接近五十五歲前後時對各種事物都會意識到直覺在運作，瞬間識破，也就是領會正確答案，不需要花時間去疑惑「該怎麼辦才好？」或是煩惱「這麼做好嗎？」工作效率突然變快，大腦的壓力也減輕了。感覺超棒。

當然，主婦們也是精益求精，光是清冰箱就能想出好幾道料理。非買不可的東西、非做不可的事，接二連三的在腦中浮現，感覺得心應手。

六十三歲，無可置疑的人生達人

五十六歲的大腦發育完成，進入輸出性能全盛期。話雖如此，根據我的經驗，五十多歲還太青澀，無法意識到自己的達人才華。

雖然說剛開始領悟到本質，不過只是依據前後邏輯的本質，依照經驗得出的正確答案。如果面對與自己走上相同職業道路的後進，的確可以侃侃而談。但是遇到走在完全不同人生道路的人，例如成為鋼琴家的女兒，就必須再等七年，才有能力向她訴說人生的精髓。是的，六十三歲才是無可置疑的人生達人，不但具有一副成熟腦，也能充分了解本質的人。

向年輕腦懷抱敬意

這裡，我要重申一點，請各位注意。

前面已經多次說明，五十六歲開始的腦，大腦功能過度提升，因而經常把年輕人當成笨蛋。周圍的人看起來全都是「反應遲鈍，拖拖拉拉」、「分辨不了是非對錯」的人。但是對年輕腦下這種定論是絕對不公平的。

我們在這個包羅萬象的世界中，只能看到自己大腦選擇的正確答案。懷著深刻信心而降臨的這個答案，也許在現在當下來說，確實是不變的真理、終極的正確答案。

但是，三十世代的大腦現在正認真的修行，以便在三十年後得到真理與正確答案。他們的大腦得到的是三十年後世界的正確答案，與我們現在的答案截然不同。連我的一歲小孫子也正在走向二〇八二年的真理與正確答案。

出現在你自己大腦的答案，可以當作禮物送給迷惘的年輕人，但是他們要不要用這份禮物，則由他們的大腦決定。

了悟大腦中的「必須〇〇」

過了六十歲應該了悟所有浮現在腦中的「必須〇〇」不用在意，例如「必須用功」、「一旦決定要做的事，應該徹底完成」、「必須結婚」、「必須生孩子」、「必須勤勉」等等。

日本的父母或祖父母經常對孩子說：「一旦決定要做的事，應該徹底完成。」可是在腦科學上，其實有一部分是NG的。對於運動或藝術的學習，為了讓孩子找到自己的才華，應該盡量讓他們挑戰各種事物，十二歲以前發現的才能很重要，所以時間總是不夠用。不過，如果覺得「怎麼學也不快樂」的話，可以就此放棄。

但是，即使再抗拒，學校的課業最好還是繼續維持。有人可能會想，數學有什麼用？其實這是在建立「認知迴路的多樣性」。離開學校後，很多人可能一輩子用不到微分積分，但是如果把它理解透澈，腦中將會建立有助於整理資訊的優秀框架。微分相當於只看事物「邊緣線」的演算，而積分相當於掌握事物「存在感」的演算。即使沒有意識到，大腦也會發生變化。微積分是世界各國長久以來認為學子不可缺乏的科目，果然十分重要。

六十世代，無論是誰都能成為顧問

我常想，如果有個談話室讓六十三歲以上的各界人士訴說自己的專業領域，那就太好了。

在業務崗位待一輩子的人闡述業務的奧祕，擅長編織的人解說編織的訣竅。工作或家務或嗜好，不分領域，打破性別的藩籬，那麼不論是誰的演講，應該都能讓人看見那條路的本質，看見人生的精髓，看見這個世界的真理。而且大家都接受年輕人的諮詢，業務高手、編織達人都一起參與戀愛的諮詢，豈不是很有趣嗎？

孔子說，五十而知天命，六十而耳順。

耳順，隱含著願意傾聽他人說話的意思。理當如此，過了六十歲，即使眼前的年輕人滔滔不絕說著莫名其妙的話，也能在心中抓住這位年輕人的本質，並且聽得出這些話的真實涵意吧。

這不只發生在孔子身上。到了五十六歲，任誰都能發揮即刻的直覺，成為某件事的達人，在自己的專業舞台訴說人生。而到了六十三歲，即使對走向不同道路的年輕人，也能成為一道光線，給予正確的解答。

八十歲的建議

接近五十歲時，我與同世代的女性朋友一起去拜訪一位八十歲的傑出女士。

前往她定居的海邊住處時，友人在車裡突然冒出這句話：

「沒有目標的戀情，不知道要怎麼走下去？」

換言之，友人愛上了某個人。與對方待在同一個空間就感到幸福，與他交談幾句，內心就能得到許多力量。總之，就是愛得很深。當然，友人並不討厭老公，也沒打算拋棄家庭，所以才會問，在這種狀況下，該怎麼處理這段感情？

未婚的時候，遇上喜歡的人，只要朝著結婚的目標邁進就行了。但是，「此路不通」的「喜歡」心情，卻令人難以消受，因為不知道怎麼辦而陷入苦惱。

我說：「就像把糖果含在嘴裡，不如就好好享受這種喜歡的情緒。說不定有一天就自然會慢慢消失。」

「不可能！」友人說。「那就只好死心了。」我說。「唉，那也不可能。」友人再次反駁。就在我們繞著這個話題打轉時，車子抵達了那位女士的家。

飲用她招待的紅酒和起司，天南地北談笑了好一陣子後，我們踏上歸途。

同行友人問起：「你把我的戀情告訴那位女士了嗎？」我回答：「怎麼可能？而且你不是一直都在場嗎？」

「就是呀。」友人露出不可思議的表情，繼續說：「當你離開座位的時候，她突然這麼說——女人若是沒有談過不可告人的戀愛，就不能算是真正的女人。即使這段戀情不能告訴愛上的人也沒關係。」

當時，我們根本沒有聊到任何戀愛的話題，只是專注的聽著她說話。然而，成熟的八十歲大腦看穿了朋友的煩惱。

「所以，我打算暫時沉浸在這份感情中。」友人露出爽朗的微笑。「來的時候，我不就已經這麼說了嗎？」我吐槽了一下，但友人似乎沒聽見。

從六十歲起再經過二十年熟成所形成的八十歲大腦，值得敬畏。儘管沒有透露心中的煩惱，她卻能贈予珠玉般的回答！

說起來，我們公司的副社長也是八十世代。他曾以「預言」般的智慧眼光拯救了公司。在平日的工作研究中，他就像是鎮社之寶，為我們提供各種各樣的見識。

我們正在走向這種成熟。如果因為交織著對青春的嚮往、對年老的不安，心情變得鬱鬱寡歡，哪怕只有一秒都嫌浪費。

自我的盤點

到了六十歲之後，我希望你試著探尋自己能成為什麼樣的達人，對自己進行一次盤點。

從小到大的人生中一直在意的事、做過的事、喜歡的事——哪怕事情再小，都不要遺漏。我除了迷上了接住掉落的保鮮盒之外，最近又愛上搭配自己的和服與腰帶束繩。我做的寶寶副食品可口好吃，對米糠床也有十足的把握。在專業領域上，我也找到好幾項「自己的獨門絕活」。

透過這樣的方式，數出自己大腦中累積的「智慧結晶」，長壽肯定是值得自傲的事，同時也會更喜愛自己。不知不覺中，對青春的嚮

第五章

放下「在意老公」

在本章中，我想給攜手一生（陷入窘境）的退休夫妻一點建議。

首先是保有私人的時間與空間

當多年來各自行動的夫妻，二十四小時都綁在一起的時候，第一件必要的事，就是保有彼此的私人空間。

我曾經看到房屋建商廣告提出這樣的生活建議：「儘管在視線中，彼此卻能保有若即若離的距離。」但是我不同意。最好是離開彼此視線，一看到就嫌煩，但這是夫妻關係的基本。

理想的狀態是感受得到彼此的動靜（聽得見生活的聲響），但各自保有不被對方直接看到的獨立空間。

分開的不只是空間，連時間都必須分開。

舉例來說，老公在書房，老婆在客廳，即使隔著空間，但是只要老公輕輕地問一聲：「這杯麥茶可以喝嗎？」「午飯吃什麼？」老婆就無法專注在自己想做的事情上。反之也是一樣。

一旦需要進入彼此的私人空間，需注意暫時不要叫喚對方。可能的話，甚至約定好時間，在某個時間之前，不要踏入對方的私人場域。例如：「三點以前不要跟我說話。」這麼說有點傷人，所以不妨說：「三點時，我們一起喝咖啡吧。在此之前我想專心織毛衣（追韓劇）（做園藝）。」

夫妻是不適合「相伴左右」的關係

歸根究柢，夫妻本來就是在一起卻不適合的兩個人。

以雌雄方式生殖的動物，通常在生殖時會選擇感知觀念相反的對象，以人類來說，就是選擇HLA基因（產生免疫抗體的基因）與自己差異大、不一致的對象。免疫抗體的類型決定了細胞層面對「外界刺激產生的反應」。由於類型不同，因此可能患上的疾病也不同。反過來說，也就是生命體在抵抗疾病的強度類型也會不同，有的不容易罹癌，有的對細菌有抵抗力，有的對病毒有抵抗力……。

是的，「生殖」指的是「將不同類型的基因結合在一起，為後代留下更豐富多樣的基因的行為」。比方說，如果能留下耐寒的基因與耐熱的基因，那麼無論地球變暖或變冷，後代中總會有人能夠存活下去，不至於滅亡，不是嗎？地球上的生態系統真的設計得非常精妙。

於是，「發情」就是「大腦發現異性的基因與自己相差較大時的反應」。

一見鍾情並且共結連理的夫妻，是生理反應不同的對象。當然，夫妻對舒適室溫的看法是不一致的，說不定連生活中的一些微小反應也不同。睡相好／睡相差、嗜吃油膩／討厭油膩、急驚風／慢郎中、一板一眼／大而化之。

慢郎中看著急驚風的行為會覺得很煩躁，反之亦然。所以，夫妻的生活空間最好是分開的，才能相安無事。

培養夫妻依戀情感的「生活氛圍」

我們各自確保在白天的大部分時間有獨立的空間，看不到彼此做事的身影，但是能夠感知到對方的存在。比如可以聽到對方上廁所、喝水、下廚、打掃的聲音。

因為只要有聲響，大腦會在無意識間體會到「在一起的感覺」，這樣會產生對彼此的深厚感情。熟齡夫妻之間培養深厚感情非常非常重要。這是為了更久遠的未來，讓兩人更加親密，共同成長並且一起度過後半輩子。

聽到聲音也能促進對對方的理解。

某位年長的男性曾經對我說了這樣的話：「黑川老師在《老婆使

用說明書》中寫到，倒垃圾有八個步驟對嗎？垃圾袋的庫存管理、垃圾分類……老公幫忙倒垃圾只是步驟之一而已。上星期天，我躺在二樓的書房看書，聽到老婆在樓下使用吸塵器打掃的聲音。那是一種有條不紊地、反覆在房間角落掃過的聲音。我突然意識到老婆在處理垃圾之外，多年來一直在做著這樣仔細的吸塵，這讓我不禁眼眶一熱。」

也許感覺到對妻子的感激，或者說是感受到妻子生命的重要性。那位男士說：「感謝您讓我意識到這一點。」但我反而更感激，想到因為我的一本書培養了夫妻之間的愛和感情，我感到內心充滿了喜悅。

就在那時我突然領悟到，夫妻分開生活最為理想，但是如果聽不見生活的聲響，就無法感受到「對方的人生」。

順道一提，我家老公退休之後，開始做皮革工藝。他的手藝超乎想像，作品幾乎與專業人士的成品無異。他幫我做了托特包、眼鏡盒、手機充電線袋。我們的房間分別在一樓和三樓，但是聽到老公使用木槌的聲音，就莫名感到安心和一股柔情。人活動的聲音真的很棒。

所以，請各位聽聽彼此的聲音吧。

笑容培養感情

還有另一個培養夫妻感情的訣竅，那就是笑容。

無論偶爾在走廊擦肩而過時、還是在餐桌上在客廳面對面時，露出一個微笑，因為人們很容易對微笑的人產生感情。

對於外人，人們總是不吝給予笑容，但是對相伴多年的伴侶，卻絕少露出微笑。儘管伴侶是我們最必須分享愛情的對象。

你以為既然結了婚，感情就在那裡，不需要努力去培養嗎？就像結婚戒指般，永遠散發不變的光輝？不對，不對，「感情」是有生命的，就像盆栽不澆水就會枯死，如果沒有笑容和溫柔的共鳴對話，感情也會隨之消逝。就像幫盆栽的花澆水一樣，也請對老婆（老公）多微笑吧。

不過，不用每次見到都笑，只要進入房間，第一次四目相對的瞬間就行了。

習慣成為夫妻的羈絆

培養感情的另一個訣竅，就像前面舉的例子「三點一起喝咖啡」，我建議夫妻在日常生活中至少培養一個以上的習慣。

習慣不只是夫妻之間，也是男女之間建立聯繫的重要元素。因為習慣會給男性腦建立「固定程序」，給女性腦提供「愉悅時間」。

男性腦擅長「固定程序」，但不容易「臨機應變」。

三點喝咖啡。如果能定下這個規矩，男性就可以去書店的回家途中，順便繞到咖啡烘焙店。如果沒有這個習慣，男性經過咖啡烘焙店前，突然想起妻子喜歡喝咖啡的機率相當低，因為他們不擅長從咖啡開始聯想到妻子。

習慣就像男性大腦中立起的球門，隨時都能讓人想起來。也就是說，如果希望男性對你貼心一點，就要在兩人之間建立習慣。

女性擅長進行反向式搜尋法，在外面突然看到的東西會立刻讓她們聯想到家人、好友的臉。在出差時，只要有一點空暇，她們就會傳訊息給家人。因此，她們會對那些沒有相同舉動的老公或男友感到絕望。但是他們並不是不願意這樣做，而是做不到。

因此，我會建議出差的男性們，請在回程的新幹線上，給老婆傳個訊息。

如果搭乘東海道新幹線往東京的話，經過小田原站時，電子告示板會亮起「現在正經過小田原站」的跑馬燈。空間認知力高的男性一定會注意到，只要一看到它，就給老婆傳個「現在正經過小田原站」的簡訊就行了。光是這一點，老婆對老公的感情就會加分。如果是搭乘東北、上越、金澤新幹線回東京的話，建議在大宮站發車時就發訊息。其他地方的人士請自行找到適合的時機。

老婆會根據老公回家的時間推算做菜的時間。而且女性腦的關鍵在於時間，像「三點喝咖啡」、「七點老公到家」，一旦預先確定好這些事，之前的時間就會愉快地度過。

突然回家而且帶著禮物，也是不錯的主意，但是如果老婆接到「現在正經過小田原，我買了你喜歡的○○哦」的簡訊，會讓她愉快地享受大約兩個小時的開心心情。然後，這兩小時的情緒全都會轉化為對老公的愛的積分。

每天的咖啡時間，也是同樣的道理。今天摘摘院子裡的花草裝飾桌面吧，或者烤個香蕉蛋糕吧？獨自愉快地享受「喝咖啡前的時間」，把這種情緒全部轉化為對老公的愛的積分，這不是很划算嗎？

夫妻之間不可缺少習慣，尤其是對那些結束育兒時期，「家庭習慣」消失的夫妻。

這個世界創造得真美妙

回到主題。

夫妻為了尋求基因的多樣性而會愛上感性完全相反的對象。這種感性上的相異會提高孩子與兩人的生存機會。因為兩人的「瞬間行為」完全相反，所以能夠互相保護對方。

舉例來說，當突然感到不安，環顧四周時，有「環視整個空間，瞬間將目標對準移動物」的人，也有「細緻感知周遭，連針尖般的細微變化也絕不放過」的人。當感性不同的兩人組成搭檔，就能形成無死角的銅牆鐵壁。如果寶貝孩子受到外界威脅，丈夫（妻子）能迅速察覺並迎擊，而妻子（丈夫）即使在混亂中，也會全神貫注地保護孩子，絕不放鬆警戒。

愛上感性完全相反的對象，實際上是一種更好的生殖策略的基本操作。

夫妻吵架也是保種的一環

「由於彼此個性不同，成為共同保護孩子的伴侶」，如果兩人能認同彼此的差異並且互相尊重，那麼該是多美好的神仙眷侶呢——但可惜的是，現實並非如此。

兩個人突然做出不同的選擇。如果一直互相退讓，反而危險。

舉例來說，在即將下沉的船中，兩人迷了路，到處尋找出口。這時有條岔路出現在兩人面前。丈夫選左，妻子選右時，該怎麼「演算」才能最快得到解答呢……你只要這麼想就懂了。

如果一直互相說：「就聽你的意見好了」「不對，還是聽你的吧」，答案就需要更長的時間才能決定，而且這樣做相當於雙方都放棄了自己的「直覺」，這是不值得的。所以，讓步是危險的。

應該要當場激烈爭論，互相碰撞「直覺」，意志堅定的一方，也就是那個直覺更強烈的一方會勝出。這就是最可能得到正確答案的機制。

假設意志堅定程度相當，無法達成一致答案，那就各走各的好了。

這樣至少有一方能夠存活下來，回到孩子身邊。在這種情況下，為了能夠毫不猶豫地背對背轉身離開，雙方必須互相憎恨。

因此夫妻吵架是非常激烈的、充滿敵意的。即使曾經相愛的兩人，分手時卻厭惡得想吐。這是保證其中一人必然能夠生存下來的本能。

妻子的感受比是非曲直更重要

互相尊重，互相禮讓。

這是道德上的美好想法。但遺憾的是，夫妻之間無法形成這種關係。因為夫妻是生殖與生存的核心搭檔。他們會互相衝撞自己的「生命直覺」，帶點強迫地推進事情，如果無法達成共識，那麼互相憎恨的分道揚鑣才是正確的——直到五十世代為止是這樣沒錯。

請各位回想一下，我們六十世代已經從生殖的角色畢業了。不用再那麼激烈地爭執了吧？

男性對妻子義正辭嚴地激辯是非對錯，即使妻子傷心難過，還不忘火上加油地說：「你如果這麼做就好了」、「你的話也算有理」，有必要說到這個地步嗎？

如果妻子傷心，暫時把是非擱在一邊，說句：「很難受吧。辛苦你了。」由於生殖期已經結束，兩人真的不需要再衝撞「生命直覺」，如同深仇大恨吵架了。

上帝的程式

這便是夫妻偏好空調溫度不一樣的原因。也是夫妻為了芝麻小事心浮氣躁，意見相左就勃然大怒、爭論不休，在無法達成共識時互相憎恨的原因。這所有的一切都是為了生殖而形成的巧妙程式的一環。

我在大學主修物理學，畢業論文是基本粒子。所有的基本粒子，每一個都以奇蹟般的一致性存在於這個世界上。它沒有任何多餘的物質，就像是上帝之手創造的精巧程式。

出社會之後，我研究大腦達四十年，大腦所做的一切都有一致性，許多人不知不覺做出的行為，都具有達成人類生存的深刻意義。

進行這項研究時，我才發現哪怕只有一秒，大腦都不浪費在無用的事物上。

終結生殖程式吧

對結束生殖時期，只剩兩人相伴過日子的夫妻來說，雖然說不上浪費，但可以說是多餘，畢竟已經不生殖，大腦還在因循著生殖的程式。

男性義正辭嚴的爭論是非，女性感情豐富的反脣相譏，是生殖期間為了完成生殖所進行的重要演算，然而對完成生殖功能的夫妻來說，就太過粗暴了。

不論是男性或女性，在爭辯是非之前，要不要先試著珍惜對方的感情？

如果老婆（老公）傾吐自己經歷過的難過、氣憤或痛苦時，不妨重複對方所使用的形容詞回應道：「那真是難過啊」、「實在令人氣憤呢」、「很痛吧」。

如果不同意的話（如果感覺「不對不對，他錯了」），那麼只要說「是哦」、「原來是這樣」、「原來有這種事」就行了。對方會明瞭，即使你不同意，但是依然貼近他的心。

女性腦中的警戒開關

大腦的生殖程式不只如此。

哺乳類、鳥類、爬蟲類的雌性腦，搭載了警戒雄性的開關。它的功能是在雄性行動時，做出「是否被攻擊!?」的反應。

在客廳放鬆時，老公突然走進來並問些「5W1H」的問題，老婆會情緒化。老公：「那件裙子何時買的？」老婆：「因為便宜。」；老公：「這件東西為什麼放在這裡？」老婆：「有擋到你的路嗎？」；老公：「你，要去哪？」老婆：「我去哪裡關你什麼事啊？」；老公：「什麼時候回來？」老婆：「不知道，看百貨公司擠不擠。」

這種對話，相信不論哪對夫妻都很熟悉吧。老婆大概在生氣吧，老公則是對老婆愛理不理的回答納悶：「我怎麼跟一個冷冰冰的人結婚呢？」

其實，老公突如其來的問題，在老婆聽來全都是對自己的威嚇或找碴。原因就出在大腦有警戒開關這玩意兒。

在哺乳類、鳥類、爬蟲類中，雄性與雌性的生殖風險不同。尤其是哺乳類，雌性在生殖的負擔特別高（必須懷孕、冒著生命危險生產，並且將血液轉變成母乳繼續餵養），絕對不會為基因不合的對象懷孕。因此，雌性有必要瞬間對異性的行動，發出激烈的警戒，這是位於大腦邊緣系統（譯注：支援情緒、行為及長期記憶等多種功能的大腦結構）的本能開關。

女性的戀愛有保鮮期

由於這個開關發揮功能之下，生殖不會成立，所以基因配對成功而發情之時，警戒開關會單獨對這個男性解除，這便是戀愛的開始。警戒開關不運作，當對方問：「要去哪？」女生會出現：「你說呢？」「不告訴你❤」之類的回答。再問她：「何時回來？」答案也是：「我會盡快回來喲。」

但是，戀愛不會永遠。生殖若是沒有成立，那麼對這個個體的戀愛將無法留下基因，因此無法持續下去。經過一定時間（一次生殖所需要的時間，以人類來說是二至三年），警戒開關會再次啟動。這次再啟動之前，如果能結婚並預備生子的話就能繼續，否則大多數的情侶會在長年交往的最後，陷入感情冷卻而分手的窘境。請務必告誡年輕人這一點。

然而，生下孩子之後，警戒開關也會暫時再度開啟。因為孩子在成長到某個程度前，再次懷孕有其危險性，所以必須保護身體。當然原因還有一個，為了留下豐富多變的基因，「換對象」比較能增加變化。因此，大腦會暫時清零，再度尋找生殖的對象。

所以，各位老公們，現在你眼前的六十歲老婆，即使在戀愛清零之後，依然選擇你作為攜手一生的對象。希望你一定要好好珍惜她。

相對的，各位老婆們，當生完最後一個孩子後，對沒有生殖仍在一起的老公，女性腦自然會進入「好煩，真想把他趕出去」的模式。總之，對老公言行看不順眼，不是老公的錯。畢竟新婚的時候，他問你「何時回來？」你並沒有生氣，反而會給出類似「捨不得我？那我別出去了」的回答，對吧（微笑）。

共情讓戀情持久不變

動物生態學家竹內久美子認為，動物的雌性基本上只會與免疫力勝過生殖伴侶的雄性外遇，總之，與免疫力絕佳的雄性交配，或是沒機會遇到免疫力更高的雄性，雌性才會鎖定一生交配的對象。但是，這種例子少之又少，因為免疫力再高的雄性，免疫力也會隨著年齡增長而下滑。

有個方法可以克服這個困難，讓戀情持久不變。那就是「共情」。

當對方傷心、痛苦、憤慨的時候，微微的領會，說句「是哦」、「的確是呀」、「辛苦你了」、「你已經做得很好了」。這樣的男人，女性一輩子都不會放手。

另外，偏愛也很重要。

其他女子不用說，比起女兒、媳婦，必須更以老婆為優先。老婆看到年輕女子，感嘆道：「真美呀。」這時你不妨馬上接過話說：「比不上你年輕的時候美。雖然現在你也很美。」肯定會再次墜入情網哦，真的不騙你。

生殖時期結束，進入世人所謂的老年期，但是得到共情的瞬間，得到偏愛的瞬間，近乎戀愛的感情會突然湧上來。這就是女人心。男性腦喜歡的正義（是非對錯），這時不如放在一邊，說一點小小的甜蜜謊言也不錯吧？老婆明知只是個小幽默，但是，也會愛上這種紳士的精神。

對老公的話不要鑽牛角尖

面對不生殖的雄性，雌性雖然不能解除疏遠的本能，但至少對老公說的話，別再那麼心浮氣躁吧。

只要不要鑽牛角尖就行了。

如果對方問：「那個是在哪裡買的？」老婆請把它想成：「那東西，真不錯」就行了。

事實上，男性的詢問幾乎都是在確認規格。因為男性經歷了數萬年的狩獵和地盤爭奪的大腦，自己的地盤一旦有異物出現，就得立刻檢視，否則有危險。也必須對意外的現象、意外的行為進行審查，就這麼單純，並不是向女性為了表達不滿而說：「為什麼買！」

而「菜只有這些？」是在確認「吃了這一串鹹魚干和兩碗飯就行了吧。後面不會再端肉出來吧。」絕對不是「待在家裡一整天，就只做了這些菜？」的意思。

當然啦，即使偶爾愛計較的老公真的話中有話，老婆開朗笑說：「是呀。菜不夠的話，還有香鬆可以配飯。」占上風的還是你，不是嗎？（我是不知道在比什麼啦（微笑））。

疏遠不生殖雄性的本能，即使在喪失生殖功能後，也無法解除。像我母親，好像七十多歲時才到達最高潮。

老公開始待在家的六十世代，我認為老婆必須要學會「不在意老公」的技能。

第六章

放下「在意朋友」

這一章，主要是給女性的建議。

談到友情，女性與男性對待友情的態度完全不同。

男性的友情，比較不是想聚在一起的心情，而是基於共同的場合而建立的，所以不喜歡的時候不去那個場合就行了。

女性的友情則是建立在想聚在一起的情感基礎上，當這種心情有溫差時，便會對如何保持距離感到困擾。

男人們見面需要理由

我家老公是老街長大的傳統東京人，他們的生活以廟會為中心。

我家是鳥越神社祖神的後代，每年六月鳥越祭萬人空巷，神轎從早挑到晚，有時甚至多達六十人在我家出入，算是本地一大社交活動。

新冠疫情趨緩的今年，老公決定與家人和朋友訂做同款浴衣（譯注：夏季穿的單件和服）。在兒媳選定的大膽圖案上，按我老公的創意，加入藍染漸層，看起來會是一件相當美麗的浴衣。如果大家一起穿著走在路上，應該會氣場十足，該不會被人看成是反社會勢力吧，我有點擔心……。

不過，老公對這項「例行」活動投入的熱情超乎想像，而回應他的好友情誼也很深厚。

看著他們的身影，我漸漸明白了各業種或各地區開設的社交俱樂部、高爾夫俱樂部、銀座的酒店、工商會、町會、圍棋會所等的存在意義。男人們不會無目的，只因為「好想見見面」就打電話給朋友。絕對不會說出「要不要見個面？一起喝茶吧？」「好想看看你，一起去喝一杯？」之類的話。

男人們見面需要有理由（集合的目的）。像是廟會、高爾夫比賽、義工，或是「再不去露個臉，媽媽桑要罵人了」。

所以，不想見面時，只要不去那個場合就行了，簡單明瞭。

女性就沒有這個問題。「欸，要不要見個面？」只要有心情就能把友誼連繫下去。

不知道怎麼拿捏距離

但是，以想見面的心情連結友誼的女性，卻有著男性不懂的煩惱。那就是如何拿捏人際關係的距離。

六十世代的朋友關係超乎想像的困難。因為不能再拿育兒或工作當藉口，如果朋友黏得很緊，則沒有遁逃之道。有老公的人，可以拿老公當藉口，單身的話，恐怕是一籌莫展。

有位女士來找我諮詢：「我不知道怎麼拿捏和朋友的距離？在我家附近有同年齡層的朋友，彼此都是單身，一到週末自然而然養成了聚在一起吃飯的習慣。朋友聚會雖然開心，但是偶爾也想輕鬆獨處，然而，每星期他們都會理所當然地問『這星期吃什麼？』讓人有點疲勞，覺得必須保持距離。」

無獨有偶，另外一位女士則抱怨道：「工作一結束就被同事逮個正著。有時候一個多鐘頭都在聽她發牢騷。她好像除了我之外，沒有其他傾訴的對象。」

因為人際關係的距離感而煩惱的女士，大多是個性善良，不善於說NO的人。因此總把「自己的心情」暫放一邊，無法阻止對方一再突破防線，於是感到疲累，希望回到適當距離感的關係。

那麼，該怎麼做？

坦誠告知自己的心情就行了

前一位的問題，如果是我就會直接回絕：「這星期我想一個人輕鬆一下。」朋友不會懷疑我的友誼和情感，因為他們相信：「她說的沒錯，獨處的時間也很重要。」呃，可能也有不認同的人吧，但是那種朋友久而久之就疏遠了，最後留在身邊的都是懂我的朋友，所以，我更能直言不諱……形成好的循環。

因此，第一個建議，就是坦誠告知自己的心情。

但是，坦誠歸坦誠，並不意味著要表達「每星期都理所當然到我家來的態度很倒胃口」，倒胃口的原因只是「偶爾想一個人獨處」。告訴他們這一點就行了。

許多人以為「可以表達坦白的想法」，就是表達「討厭的想法」。其實應該傳達給對方的是「我本來想這麼做」的願望。

討厭的想法，這時候應該按捺不說。因為導致你討厭的想法，並不是朋友的錯，而是自己不敢告訴對方，想保持適當的距離。

兩個人「想見個面」的強度並不會總是一樣。多年交往之中，「想見面的心情」有時會被忙碌或疲倦澆熄，因此一方比較強，一方比較弱也是合情合理。我認為在這種時候，可以坦率地表達「這星期不見面」，才是交朋友的態度。

決定讓自己熱衷某件事

話雖如此，我也能理解女性的心裡想：「我可說不出那種冷淡的話。」

友情就是應允朋友「想見面」的要求，這是多數女生的友情定義。正因為如此，才會藉育兒、老公，甚至搬出婆婆當作藉口來委婉拒絕，像是「我也很渴望見面，但是那天是老公出差回來的日子」。過了六十歲之後，少了這種理由，所以傷透腦筋。

既然如此，就創造一個拒絕的理由吧。我強烈推薦擁有一樣能讓你全心投入的某件事。

決定自己的陣地

尤其像是前面第二個例子，「被逮住發牢騷」的人，絕對有必要這麼做。

又臭又長的牢騷，聽久了大腦疲累，所有的直覺都會跟著遲鈍。過了六十歲的大腦經歷這種疲勞轟炸，搞不好回家時在樓梯滑一跤，跌斷了骨頭。被逮住發牢騷攸關性命，千萬要逃得遠遠的。

「最近很忙」這種含糊的理由，不可能擋得了有一肚子話想傾吐的女性。「要去購物」的話，她可能就跟著來了。「要去護膚」恐怕用的次數不能太多。育兒期結束的世代，藉口變少因而相當危險。如果獨居，危險可能更早降臨。

首先，必須決定「我」的陣地，畫清楚一條分界線，讓別人不容易踏入。竅門就是擁有一項熱衷的事物，舞蹈、英語會話、在咖啡館閱讀推理小說、追韓劇、打遊戲、填字遊戲、準備資格考試等等，簡言之，什麼都行。

當對方叫住你「聽我說件事」，就能用「我要趕著上網上英語會話課程，急著走，對不起哦」溜之大吉了吧？

即使對方說：「這個週末〇〇哦。」你也能回答：「我有舞蹈課要上，沒空。」

虛假的推托之辭沒有迫切感。女性友人一旦識破，就再也沒有阻擋力。最好真心的創造一個你想全心投入的興趣，盡可能超過一個，娛樂系一項、學習系一項、社會貢獻系一項。

用「可以熱衷的事物」鞏固自己的陣地，對於願意開放的好友，悄悄讓他走進分界線就行了。

放下在意朋友

長大成熟之後，是可以選擇朋友的。

沒人聽她訴苦的話很可憐？話是沒錯，但是，最好的方式是找到彼此都有滿腹牢騷的夥伴，互相傾訴、化解自己的牢騷。想找人傾訴的人，一定能找到談話的對象。感到疲累的你沒有必要挺身而出。

事實上，最好改掉訴苦的毛病。經常吐苦水的人會活化腦部的負面迴路，引發負面現象的機率也會變高。請回想一下失敗三原則，如果一直埋怨失敗，反而會讓大腦變得容易失敗。這是相同的道理。喋喋不休的碎碎念，最後很難從黯淡的人生走出來。

如果身邊的朋友試圖向你發牢騷，請真誠地把這段話告訴他：「大腦會啟動負面迴路哦。要不要想些快樂的事？」如果還是不行，就別再在意這個朋友了。如果感到內疚，請怪到黑川伊保子的頭上吧。因為我不希望你被別人即將沉沒的大腦拖著，最後連你也溺水了。

衷心希望各位能度過幸福的六十世代。

結語

如果讀完這本書的年輕世代說：「六十歲真好啊。我也想早點活到六十歲。」那就太好了。懷抱著這個期待，我寫下了這本書。

六十歲以上的人讀完，應該會感到滿心舒暢。

您以為呢？

有一天，我在二十世紀的腦科學研究室裡確定了一件事。

我們來到「名為地球的遊樂園」遊歷，而且已經決定好遊歷的年限。這個年限大腦都知道（詳情請閱讀內文）。

從那一天起，我就把一切交給了大腦。在大腦決定的那一天前，我要玩遍這個星球。我懂得所有的傷痛，都是為後來的喜悅所做的表演。因為沒有起伏的電視劇有誰要看？

不必擔心，因為大腦一定會朝著那一天完美的老去，溫柔的讓功能停止。不論衰老或死亡，都不是負面的事。

最重要的是「人生是為了自己而活」。是自己挑選了這個菜單。我不是為其他任何人而存在的生物，我要盡情的享用為自己準備的人生。

的確，在人生的一段時期裡，必須顧及人情世故才能存活下去。人類如果不被周圍的人認同，就無法參與狩獵（事業），也無法完成育兒。畢竟人類的育兒必須冒著動物界最大的風險（只有人類在出生一年還不會走路）。

但是，當育兒結束、工作也告一段落的六十世代，還有必要在乎世人的眼光嗎？

有必要按照世人決定的尺度來評價自己嗎？

如果把「聰明」定義為「快速學會新事物」，那麼過了二十八歲，就只能挫敗地過日子了。

如果把「美麗」的標準定義為「年輕所帶來的一切」，過了五十歲，就只能沮喪地過日子了。

如果把「人生」的目標訂為「好工作，好婚姻、把兒女教養得出類拔萃」，那麼育兒結束後，就只能失去目標地過日子了。

而且這些答案都是「育兒期限定」的標準答案，不是所有人的標準答案。

我很難不這麼想：人生如果活在對青春的嚮往、對衰老自我的孤獨與不安中，未免太漫長。依循「世人的標準答案」過日子，未免太殘酷。

「是大腦自己選擇、展開了這個人生。」

我的這份信念無法證明。但是，一定不會錯。因為，一旦這麼想，很多事都能有合理的解釋。更重要的是，衰老和死亡都立刻從負轉正。

年過六十之後，可能還有四十年的人生要過，如果抱著負面的思想活四十年，我認為絕對有問題。大腦的架構不應該這麼不合理。

在這本書中，決定「交給大腦引導，活出自己人生」的我想試著寫出六十歲以上的人生使用說明書。

從我的經驗來說，這種生活方式輕鬆得多。也許這麼做會遭到依循「世人正確答案」過日子的親朋好友訓斥，這時候請把責任都怪到我頭上，用「是黑川伊保子的建議。不過，那個人的確有點不太正常」巧妙的脫身。好不容易得到自由，就別再被枷鎖束縛。如果有機會，請把這本書介紹給那個人看。只要能多增加一個讚頌六十歲後人生的人，我都會滿心歡喜。

這本書是特別為一位女士所策劃。編輯赤地則人先生強烈期望我能寫一本「送給母親花甲之喜的書」，當時我的心思全都放在新生長孫身上，提不起寫稿的意願，但他三番兩次上門來訪，多虧了他，我才寫出了為自己喝采的一本書。在此衷心感謝鼓勵我提筆的赤地先生，同時也祝賀他母親的六十大壽。

六十世代並不像二十世代想像的不值一顧。

許多年長的前輩會對我說：「你好年輕」、「真好」（而且人上有人，某次我受邀到社交俱樂部坐在主桌，聽到對話間盡是「昨天我滿八十歲了」、「嗄？你七十歲了！好年輕」見我愕然發怔，又對我說：「叫你小姑娘都不為過呢」），因為嗜好而結識的年輕世代，也真誠的把我當成同輩（並沒有「出於對長輩的禮貌」之感）。

從世人眼光解放的第一個美好十年，仔細想想，也許沒有哪個年代比現在更充實了。

祝福你，幸福快樂。

二〇二三年三月，望著二〇八二年將滿六十歲的兒太朗的睡臉寫下

黑川伊保子

國家圖書館出版品預行編目(CIP)資料

60歲使用說明書：60歲是人生的新人，運用6大放下法則，活出自己史上最好的人生！/黑川伊保子著；陳嫺若譯. -- 初版. -- 臺北市：遠流出版事業股份有限公司, 2024.05
面； 公分
譯自：60歳のトリセツ
ISBN 978-626-361-573-1(平裝)

1.CST: 老人學 2.CST: 生活指導

544.8 113003419

60歲使用說明書：

60歲是人生的新人，運用6大放下法則，活出自己史上最好的人生！

60歳のトリセツ

作　　者｜黑川伊保子
譯　　者｜陳嫺若
副總編輯｜陳瓊如
校　　對｜魏秋綢
特約行銷｜林芳如
封面設計｜Bianco Tsai
內文排版｜宸遠彩藝有限公司

發 行 人｜王榮文
出版發行｜遠流出版事業股份有限公司
地　　址｜104005台北市中山北路一段11號13樓
客服電話｜02-2571-0297
傳　　真｜02-2571-0197
郵　　撥｜0189456-1
著作權顧問｜蕭雄淋律師
初版一刷｜2024年05月01日
I S B N｜978-626-361-573-1
定　　價｜新台幣350元

YLib.com 遠流博識網 http://www.ylib.com
Email: ylib@ylib.com